DXの思考法

日本経済復活への最強戦略

西山圭太（東京大学客員教授）著
冨山和彦（IGPIグループ会長）解説

文藝春秋

DXの思考法 目次

日本経済復活への最強戦略

装丁　関口聖司
DTP制作　エヴリ・シンク
カバー・帯写真　iStock.com/tiero

DXの思考法

日本経済復活への最強戦略

第1章　デジタル時代の歩き方

いま何か決定的な変化が起こりつつある。

この時代を生きる多くの人がそう感じているのではないだろうか。それは、いまだかつて経験したことがないような新型コロナウイルス感染症の猛威による、暮らしや経済そして健康・生命の危機かもしれない。あるいは、トランプ大統領の登場と退場などによる対立と分断の政治状況や、中国の経済的、軍事的な台頭による国際政治のレジーム・チェンジかもしれない。

しかし、いま起こりつつある変化の基本にデジタル化があることには多くの人が同意するだろう。コロナ危機によって、我々は生活においても仕事においても直接の接触をできる限り回避することを求められ、一挙に会議、診療、諸手続きのオンライン化を迫られてきた。またそれは、日本の行政をはじめとするデジタル化の遅れを露呈することにもなった。米中の覇権争いの中心にあるのも、デジタル化に関する技術と産業を巡るものである。米国は中国企業ファーウェイの供給する５Ｇ機器の使用や同社との取引を禁止・制限し、他の国にも同じポジションをとるように働きかけている。中国はそれに対抗するかたちで、半導体などの戦略技術と製品の国産化に躍起になっている。

デジタル化のインパクトは異次元レベルへ

もちろんこうしたことは、かなり以前から続いてきた変化の流れの延長線上にある。ビジネスの世界では、米国のＧＡＦＡや中国のＢＡＴといった企業が急速に台頭した。これら「デジタルプラットフォーマー」と呼ばれる企業は、単に破壊的イノベーションの栄枯盛衰の繰り返しのなかでできた新たな勝者だというだけではない。プラットフォーマーたちは、これまでのビジネスモデルとは何かが決定的に異なるのかもしれない。世界の競争政策当局者や学者はそう考え始めている。

このような発想は、たとえば欧州がＧＡＦＡに代表される米国企業の圧倒的な優位に待ったをかけるという、政治的な駆け引きの構図だけからできているのではない。現に、伝統的にはレッセフェール（自由放任主義）を代表すると考えられる米国のシカゴ大学の、しかもシカゴ学派を代表する経済学者の一人であるジョージ・スティーグラー博士の名前を冠した研究センターまでもが、デジタルプラットフォーマーはこれまでの競争政策や経済理論が取り扱ってきたビジネス形態とは異質なものであって、何らかの対応が必要かもしれない、という報告書を公表して話題になった。

また、デジタル化は経済的なこと、富の創造のパターンの変化だけにかかわっているのではない。データの大量利用は、個人データの拡散などプライバシーへの問題意識を否応なく高め、「監視社会」への恐怖が語られるようになった。また、ロシアによる米国大統領選への介入がささやかれ、フェイク・ニュースという言葉が広く使われるなど、デジタル技術の発展は、サイバー攻撃を含めて、政治レジームのあり方、メディアのあり方、軍事技術のあり方など、社会のあらゆる側面と関係し、これまで我々が前提としてきた制度や法など、社会のガバナンスの間隙を突いている。

進化生物学者のE・O・ウィルソンは、我々人類は、感情は石器時代から変わらぬまま、制度・ガバナンスは中世から変わらぬままに、技術だけは神レベルのものを手にして21世紀を迎えてしまった、と評したらしい。言いえて妙である。

人類あるいはその技術は、本当に神に近い位置にまで至っているのかもしれない。コロナ危機以前から人工知能の急速な発達が伝えられ、いずれ人工知能が人間の知性を追い越す日が来て、その日を境に人間は二度と人工知能に追いつけなくなる——シンギュラリティと呼ばれる——ようになるのではないか、という議論すら登場した。また、人間が直接脳や神経系統、身体を改良し始めると、人間自身がまさに神のごとき存在（ユヴァル・ノア・ハラリのベストセラーのタイトルである「ホモ・デウス」）になるのではないか、という議論も登場した。

そこまでいかずとも、人間の多くの仕事が早晩人工知能によって置き換えられるなど、ビジネスのあり方が大幅に刷新されるのではないか、そういう分析は幅広く紹介されている。

そのＤＸは本物か

いまやビジネスの現場や経済メディアでＤＸ（デジタル・トランスフォーメーション）が語られない日はない。言葉を使っている人がどこまで意識しているかどうかは別として、「トランスフォーメーション」という英語は、「かたちが跡形もなくすっかり変わる」、つまりは「決定的な変化を起こす」ということを意味している言葉だ。

他方、デジタル化だ、ＤＸだ、人工知能だ、といわれても、技術からシステム、経営に至るまで、あまりにも数多くの事柄と関わっていて、また、技術のトレンドも次から次へと変化していってしまうので、その全体をどうイメージして、何から手をつけて良いかわからない、という実感をもっている人も多いのではないか。

試みにＤＸというキーワードでどんなことが語られているかをみてみる。

すると、まず企業のもつＩＴシステムやデータに関する話を取り上げる一群がある。それによると、日本企業がいまもっているシステムの多くはレガシー化しており、このままでは早晩メンテナンスが不能になり、２０２５年頃には崖から落ちる、とされる。また、自前のオンプレミス（自社運用）のシステムにこだわり過ぎることなく、クラウドサービスにできる限り移行し、最適な組み合わせを見出すべきだ、という角度からの議論もある。いや、21世紀はデータの世紀であり、データが価値を生むということが基本なのだから、まずは、企業としてはデータサイエンティストを採用・育成して、データを囲い込み、活用するのが先だという話もある。さらに、いやいやＡＩこそこれからの技術革新の本流なのだから、ＡＩやそれを使ったロボットの導入（ＲＰＡ＝ロボティック・プロセス・オートメーション）にまで目が行き届いていないのが、日本企業のＤＸの問題点なのだという議論もある。（もちろんそれぞれに一考する価値のある点を含んでいる。）

レガシーシステムから脱却すべきだという議論の延長線上には、システムの技術的な構成の話を離れて、ＩＴシステムを巡るベンダーと顧客との間にある日本特有の企業間関係を改革すべきだという主張がある。すなわち、日本の顧客は何事も自社特有の業務の進め方に適合するようにシステムをカスタマイズして利用することを好み、ベンダーはベンダーでそうした特殊なシステムを受注しておいた方が顧客に逃げられず好都合なので、長年にわたりそうしてきた。（特定のベンダーから乗り換えられないという意味で「ベンダーロックイン」と呼ばれる。）いまや、長年にわたり特殊加工と建て増しを繰り返したシステムは、よくある温泉旅館のように複雑怪奇になり、ベンダーにも顧客にもどこがどうなっているのかわからなくなってしまった。そして結果において、顧客である日本企業一般とベンダー双方の競争力の低下と人材の無駄遣いを招いているという議論である。（もちろん正しい指摘である。）

ＤＸとは、ＣＸ（会社をつくり変えること）である

さらに、ＤＸに取り組むには、ＩＴシステムやその調達のあり方、あるいは新技術やデータの話だけに目を奪われてはいけない、という主張がある。ＤＸに取り組むには、むしろ各企業のあり方、組織のあり方そのものの見直しに結び付けて取り組む必要がある、という意見である。これももちろん正しい。こうした見方に立つと、経営の意思決定のあり方そのものをアジャイルにした方が良いとか、人材の育成を含む人事システムそのものの見直しが大事だとか、いやユーザー目線に立って、ＵＸ（ユーザー・エクスペリエンス、ユーザー体験）を改善することこそがＤＸなのだという議論に発展していく。

この経営そのものを見直すべきだという主張は、『コーポレート・トランスフォーメーション』（文藝春秋刊）で冨山和彦氏が展開した議論と関係する。つまり、経営を真に見直すということは、日本企業の風土や決まり事を変革することにつながらざるを得ないからである。「コーポレート・トランスフォーメーション（＝ＣＸ）」においては、そうした高度成長期以来の組織をカイシャと名付け、その憲法に当たるものを書き変える革命が必要だ、と論じられた。

あなたが経営する立場に立っているとして、ＤＸに取り組むうえで、システムの技術的構成から、企業間関係、日本企業の組織風土に至る幅広い話の全体像をどうとらえて、ど

ういう手順で考えたほうが良いのか。その基本的な視座を提供することができないか。それが本書で取り組もうとしていることである。言い換えれば、DXに取り組む各々の経営者が自分の立ち位置を確認し、自分なりの道筋を判断する地図のようなものを描けないか、ということである。

タテ割りはどう打破できるのか

カイシャを改革せよという話と密接に関係するものとして、「タテ割り打破」という主張がある。日本の組織はどこでもタテ割りで、会社であれば事業部門ごと、霞が関であれば省庁やその部局ごとのサイロ文化であり、その打破が必要だ、という話である。（もちろんこれまた間違ってはいない。）現在の菅政権もデジタル庁の創設とあわせて霞が関の「タテ割り打破」を唱えている。

しかし「タテ割り」というものがなかなかなくならないのだとすると、どこにその原因があるのだろうか。日本の企業という企業、組織という組織に既得権益にしがみつく悪者が抵抗勢力として巣くっていて、それらを一掃すればタテ割りはなくなり、経営も行政も健全化するのだろうか。ビジネスのあるいは行政の現場には、そうした部門利益を最優先する人々は確かにいるだろう。と同時に、ここまで決定的な変化が起きているなかでは、抵抗勢力を一掃するというアプローチでは不十分ではないか。それが私の意見である。なぜならば、「タテ割りという行動様式を一掃する」ということと対になって「タテ割りでない行動様式――簡単に言えばヨコ割りの行動様式――を理解し身につける」ということが必要なはずだからである。それなしにタテ割り打破の議論だけを推し進めても、下手をすると、「抵抗はなくなったが、前向きなこと、積極的なことも一切なくなった」という事態になりかねない。

こう考えるべきだろう。高度成長期の成長を支えたカイシャや日本産業のもっていた基本的な原理やロジックと、現在のグローバル経済を突き動かしているロジック、デジタル化のロジックとが合わなくなってしまっている。換言すればタテ割りの行動様式とは合わない、デジタル化のロジックがある、ということである。

まずそれを理解しないと、いまグローバル競争の最前線で起こっていることも、行政のデジタル化の先に何があるのかも、その全容を理解できない。それをせずに、目の前にある現象を追い、トラブルに対応してみても、実を結び日本が再生することはない。同様に、たとえばＤＸやデジタル技術、データサイエンスにかかわる様々な知識を詰め込み、講座を受講して資格をとったとしても、それだけでＤＸにふさわしい人材や次世代の経営人材として育つというわけではない。

その基本的なロジックをどう伝えるか、それが本書のチャレンジである。なぜならば、「基本的なことがわからないと何もわからない」、それこそが我々が決定的な変化の時代を生きていることの証左だと思うからである。と同時に、「基本的なことがわからないと何もわからない」の裏側にあるものは、「基本的なことさえわかれば何でもわかる」であるはずだと信ずるからである。

システムから経営へ、経営からシステムへ

その基本的なロジックを表現し、伝え、実践につなげるには、どうしたらよいか。まず重要なポイントは、この話は双方向だ、ということである。DXという道は、東から西に歩き、西から東にも歩く、それが両方できて初めて完成する。

東から西に歩くとは、「システムから経営の方向へ歩く」ということである。これはすでに上記に縷々《るる》書き、例えば冨山氏の『コーポレート・トランスフォーメーション』で論じられた話である。つまり、DXとは単なるシステム改修や調達改革、データ連携ということにとどまらないし、また、データサイエンスやディープラーニング技術などの最新知識を得ることだけではDX人材を育てたことにはならない、ということである。DXとは、企業のあり方そのもの、組織のあり方そのものを問うものであり、昭和以来のカイシャのロジックを乗り越える改革ができてはじめて、DXが達成できる、という話である。これはつまり「システムから経営の方向へ歩け」という話をしていることになる。

と同時に、この道は反対方向にも歩く必要がある。つまり「経営からシステムの方向に歩く」ということである。

我々はデジタル化の全面化、つまり、デジタル化がインターネットのなかだけにとどまらず、リアルな世界と一体化する時代を生きている。工場が丸ごとデジタル化するとスマ

ート工場、街が丸ごとデジタル化するとスマートシティ、ビジネスが丸ごとデジタル化するのがスマートビジネスである。それは、会社のあり方そのものがソフトウェア、アルゴリズムのようになりつつあるということを意味している。

「会社がアルゴリズムで動く」とは

一時世界を制覇したウェブブラウザーのネットスケープを発明したマーク・アンドリーセンが、「ソフトウェアが世界を食い尽くす」と言ってから10年が経つ。アリババの元最高戦略責任者のミン・ゾンは、その近著（『アリババ　世界最強のスマートビジネス』〔文藝春秋刊〕）で、アルゴリズムで動いていない会社はスマートビジネスではない、と断言している。コンピュータが計算する手順がアルゴリズムであり、その手順を機械装置であるコンピュータが理解できるようにプログラム言語で表現したものがプログラム、そしてプログラムなどを機械装置であるハードウェアと区別する意味でソフトウェアと呼ぶ。では、会社がソフトウェアに食い尽くされ、アルゴリズムで動くとはどういうことなのか。これまでの会社組織とはどのように違うのか。そしてそれは昭和以来のカイシャの原理をどのように変えようとしているのか。

「会社がアルゴリズムで動く」という事態が意味することは、個々の企業経営の成否、個々の企業のＤＸの巧拙《こうせつ》にとどまる話ではない。我々は企業や個人がネットワークでつながり、その間で大量のデータが自由にやり取りされ、さらにそのデータをもとに、人間だけではなくアルゴリズムが判断・処理をする時代に突入した。そして、その全体をどう我々人類としてガバナンスするのかという課題をつきつけられている。それが、サイバーセキュリティやプライバシーそしてデジタルプラットフォーマーといった個別課題が我々に問いかけていることである。

これまでの人類がもっていた経営や行政のガバナンスのツールは、そうした状態に対する備えがない。E・O・ウィルソンが警告したのはその点である。これまでのガバナンスの前提は、あくまでも（日本であれば）日本語で書かれた法律や契約書を人間が読み、（そしてもちろん人間が読むことのできるスピードの範囲で情報を理解し）、それをもとに人間が判断して行動して、その結果が発生し、問題が発生すれば人間が責任を問われる、という前提でできている。では、そうした前提が失われる時代、つまり会社がアルゴリズムで動き、そうした会社どうしがネットワークで連携するような全く新しい事態にどう対処すればよいのか。

それを理解するには、「経営からシステム、ソフトウェアの方向に歩く」ということが必須になる。

産業丸ごとの転換＝インダストリアル・トランスフォーメーション（ＩＸ）

以上の話をあわせると、こうなる。

「企業のＩＴシステムのあり方や技術の話だけに着目して、経営そのものの改革に踏み込まないのは真のＤＸとはいえない」という主張は正しい。だが同時に、人工知能を含むデジタル技術の発展やシステムの変化のエッセンスを理解せずに、経営論や日本の組織風土論だけを語っていても意味がない。この双方向性、そしてその二つをどう統合するのかというところに、デジタル・トランスフォーメーションの本質がある。

また、デジタル化が全面化する時代に変容しつつあるのは、個々の企業の経営のあり方だけではない。企業が活動する産業そのもの、消費者を含めて取引を行う市場そのものが、新しいかたちにトランスフォームしつつある。そしてこうした産業や市場の変化も、ソフトウェアあるいは人工知能のあり方と不即不離の関係にある。上述した既存のガバナンスへのチャレンジは、そのことを示している。そして今後の経営者には、その全貌を大まかに把握し、自らの企業の経営判断に活かすことが欠かせない。その意味において、本書では、産業丸ごとの転換、「インダストリアル・トランスフォーメーション（ＩＸ）」を掲げることとする。

以上の話をまとめれば、我々に求められていることは、ＩＸに至る道を前にしてそれを双方向に踏破することだ、ということになる。

デジタル化が戦略を無効にした

「経営からソフトウェアの方向に歩く」とは、どういうことなのか。これは冨山氏の「コーポレート・トランスフォーメーション」で示された骨格となる主張、すなわち、「戦略は死んだ」ということと「両利きの経営」というコンセプトとも関係している。

「戦略は死んだ」とは、いくらきれいな戦略を書いても、それを実行できる組織能力がなければ、まさに画餅に終わるということである。デジタル技術の急速な発展によって、いまのグローバル競争のスピードは極めて速くなった。その結果、戦略をつくって実行しようとしたころには、環境と合わなくなる、ということになる。したがって、企業が生き残るためには、そのときどきの戦略を作り込み、ＰＤＣＡを回し、あるいは今流行りつつある事柄を追いかけて勉強するというやり方ではダメなのである。そうした表面的なことの奥底にあるロジックを個人と組織の身体に刻み込むことが必要になる。それが『コーポレート・トランスフォーメーション』で組織能力と呼ばれたものであろう。そして喩《たと》えとして、今後のビジネスは攻守の順番が整然としている「野球」ではなく、一つのピッチの上を両チームが入り乱れて走り回る「サッカー」の時代になってきており、それを身につけない限り、戦略を書いても意味がない、と論じられている。

「経営からソフトウェアの方向に歩く」とは、簡単に言えばソフトウェアを使って戦う新しい競技であるサッカーのロジックを明らかにし、それを身につける、ということである。

両利きの経営はさらに深化を求められる

「両利きの経営」は、チャールズ・オライリーとマイケル・タッシュマン両教授のコンセプトである（『両利きの経営』〔東洋経済新報社刊〕）。イノベーションを起こすことだけを考えれば、組織の壁を乗り越えてオープンイノベーションを起こす能力が必要だが、スタートアップではない既存の企業は、そのイノベーションを起こすための稼ぎを手持ちの事業から着実に生み出さなければならないからである。そうすると、一方で既存事業を「深化」して収益力、競争力を高める経営を行いながら、イノベーションによる新たな成長機会を「探索」しビジネスとしてものにしていく経営の両方が必要になる。大まかに言えば前者がこれまでやってきた日本企業が得意としてやってきた野球であり、後者が不得意だったサッカーである。

さらにオライリー教授らは次のようにもいう。「両利きの経営」で成功した企業はかつてからあった。しかし、21世紀型の急速な変化の時代では、経営者に与えられる時間は極めて短い。また、急速な変化の時代には大企業の失敗率は急上昇しており、そのチャレンジにたえるためには「両利きの経営」そのものの深化が必要だ、と。

この急速な変化をもたらしているのはやはりデジタル化だと考える。そして、このようにスピードが上がると、普段は野球をやっていて、たまに破壊的イノベーションが起こりそうになると社内の一部の人がプロジェクトチームを作ってサッカーをやる、というのでは間に合わない。むしろ逆に、常にサッカーをやっている人がいて、そこに野球の能力をその都度素早く持ち込むことで、深化と探索を組み合わせることが必要な時代になっている。

では、探索のスピードを上げるにはどうしたらよいのか。そのコツは、家族でドライブ旅行に出かけるときと同じである。一つは地図（今ならカーナビかグーグルマップというべきだろうが）を使うこと、そして高速道路上では少し遠くを見て運転することである。

ＩＸの地図を描く

ＩＸ時代の経営のロジック、デジタル化のロジックを、個人と組織の身体に刻み込む。それがＤＸの本質である。それによって、すぐには自分ではプレイしない人も含めて、社内のできるだけ多くの人がサッカーに慣れるようになる。では、ＩＸそしてデジタル化を、専門的な知識を大量に詰め込むというやり方ではないやり方で、どう理解し、身体に刻み、どう実現につなげれば良いのか。

　本書は三つのアプローチをとる。

　第一は、これまでのロジックと新しいロジックとを、対比し関係づける、ということである。これまでのロジックとは、ものづくりのロジック、タテ割りのロジック、カイシャのロジック、つまりこれまでの日本が個人としても組織としても慣れ親しんだロジックである。こうしたロジックは、日本を経済的な成功に導くうえで合理性があったし、今後も完全になくなるわけではない。では、なぜ以前はうまく作動していたロジックがうまく行かなくなったのか。これまでのロジックと新しいロジックは、どう違い、どのような距離感にあるのか。それを理解できてはじめて、「探索」と「深化」の両方をこなし、両方をうまく組み合わせるやり方――つまりは日本企業の勝ち筋――を見出すことができるはずである。逆に言えば、それを理解せずにデジタル化に取り組むと、体質が変わらないのに単に流行、バズワードを追うだけのことになりかねない。つまり、２つのロジックを対比するという作業は、本気でＩＸ時代を戦い抜くうえで必要なことなのである。

第二は、新しいロジックを、わかりやすく表現する、ということである。「決定的なことが起きる」、非連続な変化が起きるということは、これまで我々が見たことのない、経験したことのない領域に突入するということである。これまでほとんどの人が見たこともないものを、文章だけで伝え、共感を得ることは難しい。何かの工夫が必要である。

わかりやすくするために、本書がまず試みるのは、図形的に「かたち」で表現する、ということである。アリババの最高戦略責任者だったミン・ゾンによれば、アリババ社内で戦略を議論する際には、エコシステムの基本的な戦略的ポジションを、点、線、面という幾何学用語で説明するのだそうだ。本書でも、ＩＸ後の新しい産業のエコシステムを幾何学的に「レイヤー構造」（重箱が幾重にも重なるような層の構造。お菓子のミルフィーユのような構造だといってもよい。英語だと、スタックとも呼ばれる）と表現する。なぜそう呼ぶのか、そうした構造になぜなってしまうのか。それは、本書の主張の中核に関わることであり、以下で順次説明する。

いま一つは、具体例を使うということである。その際、もちろん具体的なビジネスの事例も使うが、同時に「食」に関係する事例を多用する。それは私が食道楽だからというだけではなく、食は誰もが日常的に経験する分かりやすい事柄であると同時に、しかしよく考えると、素材から調理のテクニック、器具に至るまで、複雑な事柄を織り込んでできあがったバラエティー豊かなものだからである。ミルフィーユに喩えたのは、その手始めである。

地図を使いながら描き換える――あなたも会社もエコシステムの一部に

こうした工夫をうまく動員すれば、IX時代の地図のようなものが描けるはずである。

「IX時代の地図のようなものを描くこと」、それが本書の目的である。

ここで「地図」と単純には言わず、「地図のようなもの」という言葉を使った。このこともまた、実はデジタル化そしてIXの特徴と関係している。

データが連携すること、企業や個人どうしがデータをやりとりしながら「つながること」がデジタル時代の基本的な特徴だということは、多くの人がご存知だろう。インターネットはその「つながること」を実現し、スマホはどこでも「つながること」を可能とした。「つながること」で、社会の中に散らばっていた大量のデータが利用可能となり、新しい価値を生む。逆に、「つながること」が、個人データの取り扱いを巡るプライバシーの問題や、サプライチェーンを通じたサイバー攻撃の問題を引き起こすことにもなる。

しかし、「つながること」が可能になるためには、あなたの企業とやりとりの相手となる他の企業や消費者との間、そしてそれを支えるデジタルインフラとの間が、「かみ合う」状態になっていなければならない。目に見える喩えでいうと、スマホの充電をするには充電器の端子のタイプが合わないと差し込めない。またかなり古い時代のことではあるが、視覚的にイメージしやすいという観点から取り上げると、城の石垣を積み上げるには、石と石の表面がかみ合わなければ不安定になる。いずれも、インターフェースがあっていなければならない、ということである。データのやりとりのために企業と企業の間、企業と消費者との間をつないでいるのがインターネットであり、「かみ合う」ことを担保しているのがインターネットの決まり事（プロトコルと呼ばれる）である。

と同時に、インターフェースがあって「つながる」とどうなるのか。それはあなたの企業はデジタルの世界を構成するエコシステムの一部になるということである。石と石の表面がかみ合うと、その石は石垣の一部となって全体を支える機能を果たすのと同じことである。

そのことがなぜ大事なのか。それはあなたの企業がＤＸに成功しＩＸの時代に勝ち抜くということは、実はＩＸの地図の一部になって地図を描き換えることを意味するからだ。

これに対してふつうに――たとえばあなたが休みにドライブに出かける際に――「地図を読む」というときの地図は、次のようなイメージをもって語られているはずである。つまり、地図には道路や鉄道などのルートが書かれている。もっと抽象化すれば経度や緯度かもしれない。そのなかであなたは「点」である。あなたがある国道を通ったからと言って、その前後で国道自体が変化するわけではない。あなたが利用してもしなくても、東海道新幹線はまったく同じように同じルートを同じ時刻表に従って運行されるのと同様である。

しかしデジタル化の「地図」はこれとは違う。あなたの企業が「地図」を読んでデジタル化の時代にビジネスを展開するということは、エコシステムの一部になること（石垣の一部になること）を通じて、その地図自体を描き換えるということを意味している。あるいは描き換えられるかどうかが、あなたの企業のＤＸそして経営の成功を意味している、といってもよい。そうした現象そのものは、あなたの企業の規模の大小とはとりあえず関係がない。もちろんＧＡＦＡのような企業はたしかに地図を大きく塗り換えたには違いないが。「大小には関係なく、自分も地図のどこかにポジションどりをしていて、地図を描き換えようとしている」という意識をもつことが、ＩＸ時代には決定的に重要である。それがここで単純に「地図」と言わずに、「地図のようなもの」と呼んだ理由である。

相対性理論を実践する

さらに、ちょっとややこしい言い方をすれば、ニュートンではなくアインシュタインのように考えよう、ということになる。それを素人の私なりに説明すれば、以下のような感じの話になる。

万有引力を発見したニュートンは、絶対空間があると考えた。つまり宇宙には広い広い空間がまずある。で、そのなかに星が配置され軌道に沿って運動しており、地球では人類が暮らしている。そしてたとえ宇宙の中の離れたところにいる者同士であっても、そこには誰にとっても共通なただ一つの時間が流れている。その時空間のなかで、惑星が軌道に沿って動き、関ケ原の戦いが起き、たまにはリンゴが木から落ちたりしながら、物事が展開していくと考えたのである。我々の直感にあう説明である。つまり、「地があってそのうえに図を描く」のが宇宙のありようだ、と考えたのである。

アインシュタインはこれと違う。彼は、宇宙のなかでとるポジションによって経験される時間が異なる――絶対的な時間の流れはない――と考えた。なので「相対性」理論と呼ばれる。それを発展させると、時空間は宇宙の中で一様ではなく、「歪《ゆが》んで」いる、ということになる。そしてその歪みをもった時空間をつくっているのは、例えば太陽や地球といった天体だ、ということになる。つまりは図があって、それで地ができる、という感覚である。

ＩＸ時代に必要な感覚は後者である。つまり、あなたの企業を含めて様々な企業があり、様々な個人がいて、それらがつながりあうと、その関係性のなかに産業や市場ができあがる、という感覚が必要なのである。どこでゲームをするのか、そして競技場のかたちを決めるのも、あなただ。アインシュタインの発想と似た感覚になる。ビジネスや行政に携わるリーダーは、ニュートンとアインシュタインの考え方の間にある差くらいのジャンプをしなければならない。ここに今の時代が「決定的な考え方の転換」を求めていることがあらわれている。

まず白地図を描いてみる

話をもとに戻そう。ＩＸ時代の地図のようなものを描くのが本書の目的だと言った。しかし、上記の議論を踏まえると、次のように考えたほうがより適切だ。すなわち、まず必要なのは、自分の企業をとりあえず横に置いたときに、いまのデジタル化の世界がどうなっているかを示す白地図のようなものだ、ということである。また、白地図といっても、時代は超高スピードで変化しているということを意識しなければならない。したがって、その白地図はただ今現在のスナップショットではなく、近未来をイメージできるようなものでなければならない。スピードが出ている高速道路でのドライブのときには、一般道路と比べて遠くを見なければならないという話と同じである。そのうえで、最終的には、その地図に自らの存在とそれがもたらす変化を書き込めなければならない。

先取りして単純化すれば、前の項目で説明したミルフィーユのような構造、あるいはその進化形がここでいう白地図に当たる。そのミルフィーユのような構造の一部を切り取ったり、逆に新しい素材をはめ込んだり、層を増やしたりすることが、「地図に自らを位置づけて書き込む」ことを意味している。それこそが、企業がDXを完遂することであり、IX時代に経営をすることだというのが、本書の主張である。

したがって、本書の構成としては、以下第2章から第4章では主としてデジタル化時代の白地図はどのようなものか、についての議論を行う。それを受けて、第5章から第8章では、白地図に自らを書き込み、地図を描き換えるとはどういうことなのか、を議論することになる。

では早速、経営とシステムを双方向に歩く旅、そしてIX時代の地図を描き、そこに自らを書き込む旅を始めよう。

第2章　抽象化の破壊力——上がってから下がる

ＩＸの時代の白地図を描き始める前に、日本のカイシャを支えてきた基本的なロジックを振り返っておきたい。

このような回り道をするのは、今後の新しいロジックを理解して個人と組織の体に刻み込むには、なぜカイシャのロジックが昔は有効であったのに、最近はダメになったのか、ということを根源的に理解する必要があるからである。その理解を経ないと、「これからはＤＸだ」とメディアも有識者も言うからＤＸに取り組むといったような、これまでに度々目にした流行を追うだけの改革ごっこに陥り、またすぐに元に戻りかねない。

日本企業の人事制度は硬直的だ、もっと流動化を進めろ、働き方をメンバーシップ型からジョブ型にしろ、という議論がある。しかし、ここで一歩引いて考えてみよう。つまり「なぜそうした人事制度で日本企業は高度成長期には成功したのか」という問いである。

「タテ割り」とはどういうロジックなのか

私が大学で学んでいたころ、まさにジャパン・アズ・ナンバーワンと言われた時代に、「日本的経営」が世界的にも注目され、様々な本が出版された。そのなかでも最も本質をついた主張を展開したのが、おそらく名著『職場の労働組合と参加』(東洋経済新報社刊)に代表される小池和男の分析である。同書で展開された議論は、実は日本の労使関係と職場の人材形成(特に工場現場のブルーカラーのそれ)は、たとえば当時斜陽だった英米の企業などと比較すると、「ヨコ割り」(「タテ割りではない」)だという分析である。実はいま「タテ割り」と批判されている日本の企業構造の源流には、むしろ相対的には「ヨコ割り」があり、それこそが強みだったのである。

小池の分析を簡単に要約すればこうなる。日本は産業化の初期に主流だった職業別のユニオンショップではなく、労働組合が企業別に編成されている。(つまりはジョブ型ではなくメンバーシップ型だということである。)また、日本の工場現場では、個々の従業員のキャリアパスをみると、特定の仕事だけを経験するのではなく、多種多様なポジションをローテーションで回るという人事慣行が確立されていた。そうした「ヨコ割り」的な人事慣行の結果として、各従業員には特定の仕事を超えたノウハウ(それを小池は「熟練」

と呼んだ。）が身につくことになる。

そうなると、工場内でラインをトラブルなく動かすために有効なカイゼン提案が、出やすくなる。なぜならば、複数の仕事を経験することで、たとえば前工程でこうした手順の変更をちょっとしてくれさえすれば、後工程がずっと楽になり、またトラブルが減り、工場全体・ライン全体では効率が上がる、という気づきと対話が可能になる。また、いつ自分がそちらの仕事に回ることになるかもしれないから、そのときどきのポジションを超えた議論が可能で、押し付け合いが起こりにくい。

他方、ここが重要なポイントなのだが、そうしたカイゼンは、その企業の生産している具体的な製品、そしてそれを生産する具体的なラインのあり方に深くかかわっており、一種の「具合」「あ・うんの呼吸」のようなものでもある。また、それはまさに小池が「熟練」と呼んだように、従業員がそのラインの作業に長年にわたってローテーションをしながら習熟することによってはじめて体得できるものである。したがって、そうしたノウハウを完全に客観的な言語で表現し、教科書にして学校で教えるようなことは出来ない。また、そのノウハウと熟練の積み重ねでライバル企業との競争に勝っているのであるから、企業を超えて熟練がシェアされることもない。熟練が「企業特殊的技能」と呼ばれたのもそれ故である。そうなると「職場内で飲み会や社員旅行を繰り返して家族のような一体感を獲得し」「企業内が同質化する」というのは、競争上も合理的な戦略である。実際に日本企業はその戦略で大成功を収めた。

「業種」という仕切られた枠の中で競争してきた

以上のような「会社タテ割り」とセットになったのが、「業種」という発想である。それは日本が高度成長期に製造業で成功したこととセット、ものづくりという発想ともセットである。戦後の日本経済は、高度成長期を通じて主力となる業種を入れ替えることで成長してきた。簡単に言えば繊維やおもちゃといった軽工業から、石油コンビナートに象徴される重化学工業化を進め、さらに自動車や半導体といった付加価値の高い製品をつくる業種に産業の主軸を切り替えていく、という戦略である。

かつての通産省のビジョンや産業振興政策も、基本的には「既存の業種の外側に新しい高付加価値なモノをつくる業種を発達させる」という発想で貫かれてきた。産業政策がどこまで有効であったのか、様々な議論があるが、日本の企業人にも官僚にも、広く「業種」から自分のビジネスを考えるという発想が根付いたことは間違いない。現にいまの経済産業省が「現場を担当している局」だと考えている部局は、業種別に組織されている。そして経済学者の村上泰亮が「仕切られた競争」と呼んだように、企業にとっての競争とは、いわば囲いのある、仕切られた「業種」という競技場の中での、順位争い、シェア争いとしてイメージされる。

前章の終わりに、ＩＸの時代、デジタル化が全面化する時代には、「地があって図を描く」というこれまでのニュートン的な発想から、「図があって地ができる」というアインシュタイン的な発想に転換すべきだ、という話をした。日本のカイシャを支えてきた基本的なロジックは、まさに「地があって図を描く」という発想であった。カイシャの基本的なロジックでは、カイシャという枠があってそのなかで協力し、あるいは出世競争をしていると発想する。また、業種と業界があって、企業は一緒に業界団体を組織しつつも、シェア争いをしていると発想する。これを合わせれば「○○業界でシェア第×位の△部の部長代理である私」という自己イメージができあがる。まさに「地があって図を描く」という発想である。

この高度成長期を支えた発想、つまり「工場内ではヨコ割り、事業部門間・企業間ではタテ割りで経験を積み、熟練を磨きこむことが強い」「業種というタテ割りの中で戦う／政策を考えると勝てる」という、我が国官民に共通のふたつの発想を打ち砕いたのが、デジタル化である。政府もビジネスも、かつてはＩＴ産業、いまでいうデジタル、スマートビジネスを上記の発想・ロジックの延長線上でイメージした。つまりは新しく「ＩＴ産業」が既存の業界の外側にできたかのように考えて戦い、敗れた。それが我々の経験したことである。だからこそ、我々はいま新しいロジックを理解し身に刻まなければならないのである。

デジタル化のスタートラインに立つ伯爵夫人

デジタル化とは何をすることをいうのか。それはどんなかたちをしているのか。

それにはまず人類にとってのデジタル化のスタートラインに立ちかえってみるのが良い。日本ではそれほど知られた名前ではないが、デジタル化の歴史を語るときにそのスタートラインに立った人物として紹介される人がいる。女性である。名をエイダ・ラブレスという。詩人ロード・バイロン（バイロン卿）の娘であり、19世紀の前半を生きた英国の貴族で伯爵夫人である。ショパンや歌川広重と同時代人だといえば、かなり昔の、いまのITやデジタルとは遠い時代の人だということが実感できるかもしれない。彼女は科学や数学に強い関心を抱き、勉強し、そして独特の才能を発揮する。（ここからしばらくは、ウォルター・アイザックソン著作の『イノベーターズ』〔講談社刊〕などを下敷きに、デジタル革命の歴史を超高速でたどることにする。）

彼女は今日コンピュータと呼ばれているものの基本的な考え方を、英国人数学者のチャールズ・バベッジとともにまとめあげた。当初バベッジが取り組んだのは、対数や三角関数といった、解くのに手間がかかるがエンジニアリングには必須な計算の自動化・単純化であった。その結果まずバベッジが発明したのが「階差機関」とよばれる装置である。一見複雑な数列も、「差分」「差分の差分」「差分の差分の差分」という作業を繰り返すと単純化できることからその名がある。その時に使われていた部品は、歯車のようなものであり、それを動かすことで、数字を入力し、記憶させ、我々が掛け算をするときにやるように隣の桁から「借りる」こともできるようにした。

しかし、本当の発見はその後にくる。それは彼が当時使われるようになった自動織機と出会ったことによる。フランス人ジャカードによって発明されたこの自動織機は、パンチカードを使うことで織機を動かし複雑な図柄を描くことに成功していた。それを見たバベッジは、鉄製の歯車ではなくパンチカードを使うことで、異なる種類の作業を次々と処理できるようになることに気づく。この新しい機械は「分析機関」と呼ばれることになる。そしてバベッジと交流のあったエイダは、分析機関についてこう表現する。それは、階差機関はある特定の関数を計算し「表」として示すことに成功したのだが、分析機関はそれを超えて「どんな関数でも」扱えるようになったことが大事だということである。

さらにそれにとどまらずエイダは、こうもいうのである。分析機関はもはや計算機ではない、と。それは、パンチカードが使えるということは、あらゆる記号を処理可能とすることにつながるので、単に決まった演算を「計算する」のではなく、広く物質の動作と抽象的な精神の作用とを橋渡しするものになりうるのだ、と。そしてその説明の中で、エイダは今日アルゴリズムと呼ばれているものの初期的なかたちを提示することになる。

アラン・チューリングが発見した仕組みとは

ここでエイダがしていることは何だろうか。それは「これを使えばなんでもできるのではないか」という発見であり、単なる計算機から後にコンピュータ、さらには人工知能と呼ばれるものへの発想の転換である。別の言い方をすれば、特殊から一般、具体から抽象への発想の転換である。デジタル化の核心がここにあると言って過言ではない。

あるいはさらにこう表現してみてもよい。バベッジがエイダとともに取り組んだ「分析機関」の発明をどう捉えるか、ということである。一つの見方は「パンチカード」を使うことを発見したことがすごい、という考え方である。より「モノ」「具体」に着目した考え方である。もちろんそれはすごいことには違いないし、織機という異分野からヒントを得るというある種のオープンイノベーションの成果でもある。また、パンチカードを使うというのは、その後アラン・チューリングが発想したテープにプログラムを書き込むという手法を100年も先取りしている。しかし、デジタル化の歴史の本質的な性格を理解するために必要なことは、「パンチカードを使うこと」ではないし、パンチカードを精巧に作りこむことでもない。「これで何でも一気にできてしまうのではないか」という一般化・抽象化の予感であり、それがもつ力である。

エイダ・ラブレスから100年近くがたち、いまわれわれが経験しているデジタル化に直接つながる動きが始まる。そこに登場するのが、最近その謎多き人生が映画化されるなどしてある程度知られるようになったアラン・チューリングであり、情報理論の父クロード・シャノンである。

彼らは何をしようとしたのか。チューリングがもともと取り組んだのは、数学の、しかも数学の体系全体に関わる問題であった。その問題を提起したのはヒルベルトという数学者なのだが、ヒルベルトは、数学の命題の証明を一つ一つ行うのではなくて、証明ということ自体を形式化・抽象化してしまい、「およそ数学の命題が真であれば、それは証明できる」ということ自体を証明しようとしていたのである。まさに「これさえやってしまえば数学の課題は一気に全部片付くのではないか」というおおがかりな計画にチャレンジしていたのである。

結論として言えば、それは「できない」という答えになる。そしてチューリングが行ったことも実はヒルベルトがやろうとした「数学全体をいっぺんに片付ける」ことは「できない」という証明に寄与することになった。しかしそのチューリングの取り組みは、つぎのような副産物を生んだのである。それは、「数学全体については一挙に片付けるということはできないが、そのうちの、計算して答えが出るはずの問題でさえあれば（数学には計算しても答えの出ない問題もあるのである。）、それは全て同じ仕組みで処理できる」ということを発見してしまったことである。それこそがコンピュータの基礎の誕生である。

よく知られているように、チューリングが発見した仕組みは、記号化したプログラムを書き込んだテープと、それを読み取る装置があって、それを実行するための操作をひたすら繰り返す装置さえあれば、計算できる問題は全て計算できる、というものであった。つまりは、「個々の計算問題の具体的な中身には入り込まずに、やり方を形式化・抽象化すること」を通じた解決である。

「ゼロとイチを使えばなんでも解ける」（クロード・シャノン）

同じ時期に活躍し、情報理論の父と呼ばれるようになったのがクロード・シャノンである。彼がやったこともまた、「具体的な内容を離れた形式化・抽象化」である。シャノンがまず解決したことは、コンピュータが実現したいメカニズムを、それまでのような機械仕掛けではなく、電気回路で実現可能だということを示したことにある。それに際してシャノンは、電気回路をオンにしたりオフにしたりするスイッチングを、0と1という記号つまり二進法に対応させた。それは後に基礎的な単位としてビットとして呼ばれることになる。そのうえで、代数の問題を基本的な論理に還元してそれをゼロイチで表現してしまえば、どのような代数の問題もその組み合わせで解ける、ということを、シャノンは示した。

似たようなことの繰り返しになるが、シャノンが行ったことは、一面ではコンピュータに「電気回路を使うこと」である。それはそれでもちろん人類にとって一大発見であり、有用なことである。同時に、彼が実現したことは、オン・オフという単純な手続きを組み合わせることで、「どんな問題でも解けてしまう」という一般化をしたことにあり、歴史の上ではおそらくそちらの意味の方が大きい。

その後、シャノンは、「通信ケーブルを使って送りたいメッセージを正確に伝えること」の理論化に取り組んだ。ふつうメッセージを正確に伝えるということを考えると、メッセージが含む意味内容、たとえば「明日の朝は、午前8時に東京駅の八重洲口中央改札前に集合です。」というときの意味内容が正確に伝わるか、を考える。それをシャノンは、メッセージを具体的な意味内容と切り離して抽象化し、単純な記号の連続だととらえた。そのうえで、英語のメッセージをアルファベットの繰り返しだと考えたときに、どのような物理的なチャネルをつくり、どのような記法を用いれば、一定の誤差の範囲であらゆるメッセージを伝えられるのかを考えた。

こうしたチューリング、シャノンらの功績のうえに、１９４５年にＥＮＩＡＣという世界初の、完全に電気回路で作動し、高速で、自由にプログラミングができる、コンピュータ、すなわちチューリングが考えた「万能計算機」が誕生することになる。もちろん、こうした機械が誕生するには、チューリングやシャノンらの理論だけでは実現しないのは言うまでもない。アイザックソンの本でも、職人肌で完全主義者で神経質なエンジニアであるプレス・エッカートの重大な貢献があってこそ、ＥＮＩＡＣができたことが描かれている。

しかし、日本の弱み、日本のカイシャのロジックとデジタル化のロジックがずれてしまっていること、を理解するために重要なのは次の点である。つまり、「単純な仕掛けをつくると、目の前にないものも含めて何でもできてしまうかもしれない」という一般化・抽象化の思想が、デジタル化の根底に常にある、ということである。そして、そのことがもつ破壊的ともいえるパワーがデジタル化を貫いていて、現代にいたるまで、そして今後ますますそれが影響する範囲を広げつつあるという点である。

しかし、日本も一時期は「電子立国」と言われ、世界の競争のなかで独り勝ちすらしていたはずだ。だからこそ日米間の半導体摩擦も起こったはずである。そのあったはずのエレクトロニクス全盛期が曲がり角に来たことと、「一般化・抽象化に弱い」ということは関係しているのだろうか。次にそれを示すエピソードに移りたい。

何が日米の歩みを分けたのか――ビジコンとインテルの出会い

アイザックソンのデジタル革命史の本に唯一登場する日本企業がある。ややオーバーかもしれないが、デジタル革命の今日に至る歴史の中で、唯一のイノベーティブな企業として認められた日本企業だと言ってもよいだろう。実は同じ企業が、ＮＨＫの「電子立国日本の自叙伝」という番組でも取り上げられている。こちらの番組は１９９１年という日本のいわば絶頂期に放送され、その名の通り日本の電子産業の興隆の歴史を振り返った番組であり、当然のことながらさまざまな日本企業が登場するのだが、ここで取り上げるのはそのなかでは今日的には有名とは言えない会社である。

その名をビジコンという。小型電子卓上計算機の開発で１９６０年代にカシオやシャープとしのぎを削った会社である。ＮＨＫの番組のなかでは、ビジコンがせっかく画期的な製品の開発に成功したにもかかわらず、当時の通産省が介入して発売が邪魔されそうになった、という話も取り上げられる。ただ本書でのポイントはそこにはない。ここでのポイントは、アイザックソンの本にもＮＨＫの番組にも共通して取り上げられたエピソード、つまり、ビジコンとインテルとの出会いである。

ビジコンを含め当時企業がしのぎを削っていたのは、計算機の小型化である。計算機を小型化するには、当然だが計算プログラムを処理するハードの部品――プロセッサと呼ばれる――を小型化する必要がある。当時は、それまで複数のトランジスタや集積回路をつなぎあわせてつくられていたプロセッサを、一つの半導体チップの上に実現できる技術が確立されつつあった。集積回路を大量に詰め込むという観点からは大規模集積回路（ＬＳＩ）、半導体の微細化技術が進んだという観点からはマイクロチップともいわれる。

ビジコンはこのマイクロチップを使って従来にない小型卓上計算機を実現することにチャレンジし、その設計にこぎつけた。しかし、ビジコン社にはマイクロチップを生産する設備、能力はない。そこでそのマイクロチップの電子回路の図面をもって乗り込んだのがインテル社だ。ときは１９６９年。ムーアの法則で知られるゴードン・ムーアらがフェアチャイルド社から飛び出して、インテルを立ち上げたばかりのときであった。そのときにインテルでビジコンの窓口になったのが、テッド・ホフという技術者である。

アイザックソンの本とＮＨＫの番組などを総合すると、起こったことは次のようなことであったらしい。まずビジコン社は、自ら開発した小型卓上計算機とそれを駆動するのに必要となると考えた12種類のマイクロチップの設計書をもって、インテル社を訪問した。マイクロチップの生産を依頼するためである。応対したホフは、ビジコン社の提案にあるようなマイクロチップは種類が多すぎかつ複雑すぎると考えた。それには二つの理由があったようだ。一つは、もともとホフ自身が、一般論として当時の半導体の設計が複雑すぎて「美しくない」と考えていたことである。いま一つは、まだ誕生したばかりのインテル社にとって、12種類もの異なるマイクロチップを生産する設備に投資して稼働させることが不可能だと感じたからである。そして、そのときホフがじっと見つめたのは、ビジコン社が持参したチップの設計図ではなく、ビジコン社が計算機に実装しようとしていた計算プログラム、アルゴリズムの方であったという。

結果としてホフらインテルのチームは、一部の機能をソフトウェアに移した上で、12種類のチップのうち9種類を一つの汎用チップに置き換えることに成功した。そのときホフの頭にあったのは、ビジコンの要望を単純化するということだけではない。そうした汎用チップを考えれば、ビジコンの計算機だけではなく他の計算機も、さらには計算機以外の電子機器の機能にも対応できるに違いない、という発想であった。そして、実際にインテルはそれを反映した戦略的な行動に出る。すなわち、ビジコン社に対して、依頼のあったマイクロチップの納入価格を引き下げる代わりに、開発した汎用マイクロチップの権利をインテルが取得し、ビジコン社以外の企業にライセンスする権利を取得することを持ち掛け、契約にこぎつけた、ということである。

上がってから、はじめて下がる――まずは抽象化、そののち具現化してみる

このビジコンとインテルとの出会いにはデジタル化の本質の全てがある、と私は考える。まずデジタル化のロジックとは「具体ではなく抽象」だということ、つまり「この手を打てばいま目の前にある具体的なもの以外のものも含めて、何でも処理・解決できてしまうのではないか」という発想である。12種類のものを、もし可能であれば1種類に落とし込めないか、そしてそのときに今は目の前にはない計算機、さらには他の電子機器のこと

も「探索」しイメージしようという発想である。

第二は、そのヒントをホフはどこから得たのか、ということである。前述したように、ホフはビジコン社が持参したチップの電子回路ではなく、その電子回路で処理しようとしている電子計算機のプログラムに見入ったらしい。これはつまり、物事を本質的な課題にさかのぼって、そちらの方向に抽象化して考える、という態度である。これと対極をなす発想は何か。それは直接的に与えられた課題、つまりはこの電子回路を実装できるチップをイメージして、その回路をより作りこみ、正確にし、極めるという「具体」「深化」の方向にすぐに行ってしまう発想である。もちろんこのときのインテルであっても、最後は具体的な製造設備、知財契約に落とし込まなければならなかったはずである。しかし、決定的に重要なことは、インテルが「十分に抽象的に発想したうえでその後に初めて具体化した」、という点にある。

デジタル化の時代に不可欠なのはこの「まずは抽象化してみて、それから具体化する」、つまり感覚的に言えば「上がってからはじめて下がる」という発想である。そういうことをせずに、「インテルがすごかったのは当時の日本企業に欠けていた知財戦略らしい」と考えてしまった時点で、このケースからは何も学んでいないことになるし、デジタル化時代の経営リーダーとしてはおそらく向いていない。

ビジコン社との出会いを契機にインテル社が作り出したのが、世界初のマイクロプロセッサである。インテル４００４と名付けられた。それがその後「インテル入ってる」と宣伝されるに至るインテルの破竹の進撃、そしてついには半導体産業を巡る日米逆転の起点となったといっても過言ではないのではないか。あまりにも象徴的で、にもかかわらずこれまで広くは取り上げられてこなかった出来事である。

もちろんインテルのような新しいビジネスモデルの影響を受けたのは日本企業だけではない。コンピュータ産業に圧倒的な巨人として君臨していたＩＢＭも、デジタル化の流れの中で倒産の淵に追い込まれていく。ＩＢＭが当時採用していたのは垂直統合型のすり合わせモデルである。それが産業全体として水平分業化の波に飲み込まれていく。しかし、米国全体としてみれば、新しいイノベーションの担い手が登場し、このＩＢＭのモデルを代替していく。探索と深化が国全体としては成り立っていたのである。

そして、そのときの探索の基礎にあったのが「まずは抽象化してみて何でも一気に片付けられないか考えてみる」「そのあとで具体化する」、つまり感覚的に言えば「上がってからはじめて下がる」という発想である。

ドイツ企業はなぜ高収益なのか

一旦課題を抽象化せずにすぐに具体化し、細かなことに入り込んでしまう。それはデジタル化以前から日本企業、行政組織が陥りがちな罠《わな》であった。該当する事例は数多いが、ここではものづくり企業、特に中堅中小企業における日独の差に着目する。

私がドイツ中堅企業の存在に興味を引かれたのは、ファイナンシャル・タイムズの記事からであった。2007年9月のことである。そこには中国など新興国企業の台頭などでグローバル化が進むなかにあっても、ドイツ中堅企業はビジネスとして成功し、苦境にあえぐドイツ大企業を尻目に高収益をあげていることが書かれていた。ドイツ中堅企業には「ものづくり」企業でオーナー企業も多い。日本企業、特に日本のものづくり中小企業にとって何か学ぶべき点があるのではないか。そう単純に考えて、ドイツに飛んだ。

訪ねたのは記事にも取り上げられていたハーマン・サイモン氏である。大学教授を経て自らのコンサルティング・ファームを開業していた。サイモン氏は「もしドラ」に出てくるあの伝説の経営学者ドラッカーとも親交があったらしい。彼は特に優良なドイツ中堅企業を「隠れたチャンピオン企業」と呼んでいた。それらの企業がその高いシェアや収益性と比較して無名であること、そして多くの企業は部材を商品としているため、最終消費者からみたときにその商品を直接目にすることが少ないということをかけて、「隠れた」と呼んだようだ。サイモン氏自身そして彼から紹介を受けて訪れたドイツ中堅優良企業から学んだことは実に数多いのだが、彼我の差の最も決定的な点は、実はここで議論していることと深く関係している。

ドイツ中堅企業と日本のものづくり企業の多くとの差をまず形式面で見れば、それは販売ルート、特にグローバルな販売ルートにある。ドイツ中堅企業の場合は直販であり、日本の中堅中小企業のように商社等を介していない、ということである。中堅企業であっても、営業拠点を世界にもっていて、顧客と直接やり取りしている企業が多い。一つにはこれらドイツ中堅企業の多くが、部材を生産し、いわゆるBtoBのジャンルに入る取引であるために、顧客の数が、直接取引をしたとしても対応できる範囲だということがある。（ただしそれ自体は多くのものづくり日本企業でも同じである。）その結果として各中堅企業は、世界中の自らの顧客の要望を直接把握することができるということになる。

当時この話を日本の企業経営者、中堅中小企業経営者の方にすると、こういう反応が多かった。「我々にとってもお客様は神様であり、自社の製品に関するご要望は細大漏らさず聞いて、それに応えている。」というものである。

しかしここに大きな誤解、率直に言えば間違いがある。少なくともドイツ企業が行っていることとは、「顧客の要望を細大漏らさず聞いて、それにこと細かく対応している」ということではない。ドイツ中堅企業が行っているのは、第一にある意味での標準化である。つまり、数ある顧客の注文をまず一旦聞き取ったうえで、それを顧客ごと要望ごとにカスタマイズすることはせず、その要望を抽象化してみるのである。すると、ほとんどの顧客の要望をこなすために必要な対応がいくつか見えてくる。そしてそれだけを製品の仕様に反映するのである。結果として製品点数が減り、規模の経済性を発揮することができる。インテルのテッド・ホフと同じアプローチである。

第二に、優良なドイツ中堅企業が聞いているのは、正確には自社製品についての注文（だけ）ではない。これらの企業は、販売先の企業の2〜3年後の課題、もっといえば、販売先企業の更に上流にいる顧客の将来をみている。

少し脱線するが一つの経験談をお話ししたい。私が東京電力の経営に参画していた時代、旧知のスイス企業を訪ねたことがある。ランディス・ギアといってスマートメーターでは世界のトップ企業であり、訪ねたのは社長のウンバッハ氏である。一時はシーメンスの傘下だったのだが、当時は東芝と産業革新機構が株式を保有していた。サイモン氏も実はドイツ中堅企業にスイスのドイツ語圏にある企業を含める場合が多いので、「隠れたチャンピオン」企業の一つと言ってもよいのだろう。しかし、ウンバッハ社長を訪問した理由は、スマートメーターの件ではない。世界の電力会社、ガス会社、水道会社と取引のあるランディス・ギアの社長から見て、電力会社の次の10年の課題は何であり、どんなエネルギー企業の動きに着目しているか、それが聞きたい点であった。ウンバッハ氏は、独自の資料に基づいて雄弁に説明してくれた。そしてその話は、世界的なコンサルティング・ファームなどから聞く話とはまた一味違う「芯を食った」話であった。これもまた、隠れたチャンピオン企業は、顧客の将来課題から発想しているということを示す忘れがたいエピソードである。

「引き合い」の罠

話を元に戻そう。ドイツの優良中堅企業が高収益を達成しているのは、次のような理由であった。まず、入口としてグローバルな顧客と直接コミュニケーションができるように、直販する体制をとっている。念のために付け加えるが、いくつかの隠れたチャンピオン企業に取材したが、国際部門を担っているのは特に手をかけて育成した「グローバル人材」だというわけではない。オーナーの家族であり、地元の町で生まれ育ち海外暮らしなどしたことがない人々であった。必要は発明の母である。その顧客とのチャネルをもとに、顧客の考えていること、望んでいることを、フォワードルッキングで把握する。そしてそれを抽象化し、最適な製品ラインアップをつくる。まさに「まずは抽象化してみて具体化する」、つまり「上がってからはじめて下がる」ということであり、デジタル化にも不可欠の発想を実践していた。

もちろん京都企業に代表されるように日本にも隠れたチャンピオン企業はある。また、たとえばトヨタ生産方式の原点にあったのは、米国自動車メーカーからの具体的な学びではなく、それを求めた視察の際にふと目にした米国のスーパーマーケットの仕組みであり、それを抽象化して自動車の生産プロセスに置き換えたことだというのも、よく知られたエピソードである。

しかし、どちらかというと上記のような発想は今日の日本企業では（そして行政組織でも）例外的である。日本企業の基本的な発想はどうしても技術とその磨きこみを頑張るという発想になる。

当時各分野でシェアの高い日本のものづくり中堅企業を訪ねた際に、よく聞いた言葉がある。「引き合い」である。「自分のところの製品は技術的に極めて優れているので、聞いたこともない外国企業からも引き合いがあった」という風に語られる。もちろんそれ自体は喜ばしいことである。しかし多くの場合、その次の打ち手が間違っている。つまり「その聞いたこともない外国企業は、なぜ・どうして・何のために、わが社の製品に注目したのか」とはならず、「次も引き合いが来るようにさらに技術を磨きこもう」となる。「上がってから下がる」ができていないのである。

グローバル化はデジタル化の練習だった

この隠れたチャンピオン企業の話が示唆していることは、もう一つある。それは、デジタル化の前にグローバル化があった、ということである。当たり前だといわれるかもしれない。冷戦の終結が１９８９年、グーグルの設立が１９９８年、それだけのことではないのか。しかし、ここでいおうとしているのは単純な歴史的な順序ではない。「上がってから下がる」という企業行動を最初に迫ったのがグローバル化であり、その次に、かつよりそれを本質的に迫っているのがデジタル化だということである。

グローバル化は何をもたらしたのか。東側・西側などの区別なく、先進国・途上国の区別なく、グローバルに顧客がいてその獲得が可能になった、ということである。その新しい競争のなかで、日本やドイツの技術力のあるものづくり企業が、顧客を捉まえて収益を得るにはどうしなければならないか。それは、ギリギリの標準化を繰り返す、ということである。グローバルに顧客が広がれば、その全ての要望に応えてカスタマイズしているとキリがない。逆に汎用化だけを進めると、当時の新興国製品と区別ができなくなる。そのいずれでもないものにたどり着くこと、それが「上がってから下がる」という考え方であった。

デジタル化は何を問うているのか。上記で振り返ったデジタル革命史からわかるように、コンピュータ、人工知能の発達を含むデジタル化の歴史は、最も広く言えば、人類の課題を解く共通の解法を探究し、創造する、ということだといえる。当たり前のことだが、「数学の問題」に国籍、業種、企業による差はない。それが「一つのやり方で全て解けるかもしれない」というチャレンジを可能にしている。ディープラーニング技術の発達によって急速に精度が上がった画像認識でも同じことである。画像認識の巧拙に国籍、業種、企業による差はない。

いまたとえばスマート工場で起ころうとしていることは、製造業が取り組んでいる様々な事柄を、国籍・業種・企業・工場・ライン・装置の区別に関係なく、共通のアプローチで解けないか、というチャレンジである。もちろん先んじて言えば、「全てが一つのやり方で解ける」ということはおそらく原理的にあり得ない。どこまでいっても課題に応じた特殊性が何か残るだろう。しかし、デジタル化の前後、ビフォアデジタルとアフターデジタルを比較していえることは、汎用的なアプローチで解ける範囲が拡大している、ということである。あるいは共通的に解が出る範囲の水位が上がっている、と言ってもよいかもしれない。

コード化できるかできないか

本章の冒頭に、日本企業の全盛期に日本的経営がどう分析されたか、の話をした。そこで見出されたのは、工場内ではキャリアパスをヨコ割りにし、企業特殊的な技能を終身雇用のなかで時間をかけて身につけ、磨きこんで人材に熟練させるというビジネスモデルの成功であった。このモデルの前提は、製造業の競争力を支える根源にあるノウハウは、企業を超えて、あるいは工場現場を超えて共通化することが難しい暗黙知だ、ということにある。

暗黙知である以上、それを身につけるには学校で教科書を勉強するというスタイルでは限界があり、企業を越えて持ち出すこともできない。あくまでも同じ釜の飯を食ってコミュニケーションを円滑にし、共有し、終身雇用を謳うなかで、はじめて競争力の源泉としての「あ・うんの呼吸」と暗黙知を育てることが可能であった。まさにそこにカイシャの意味があった。

この日本企業の強みの源泉が暗黙知である、ということに着目し、かつその後のデジタル化がもたらすインパクトをある意味で予見して分析したのが、故青木昌彦スタンフォード大学教授である。青木先生が分析を始めたころの問題関心は、まだ日本的経営が優勢の時代であり、当時の日本企業の優れたパフォーマンスを、単に文化的特性と言ったようなことではなく、どう科学的・経済学的に分析可能かということであった。文化的特性から始まる議論は、当時そうであったように、日本特殊論となり、やがて「日本たたき」「日本バッシング」になるからである。

青木先生の分析は、彼我の経営の差を超えて日本と米国という経済システムの比較分析（比較制度分析）に発展することになる。そのときの鍵となる概念が暗黙知と形式知であり、青木先生はコード化できる知かコード化できない知か、と呼んだ。当時は現在のような全面デジタル化の時代ではないから、コード化といっても「ソフトウェア」や「プログラム言語で書く」ということではない。現在でも「日本企業にはジョブ・ディスクリプションがない」、といわれるが、むしろそちらの話、つまり職務や役割を客観的に言語で記述できるかどうか、ということにあった。

言うまでもなく、記述できなければ狭いコミュニティのなかでの共有になじみ、記述できるならば広い範囲での共有になじむ、ということになる。単純化すれば前者が当時の日本的な経済システムのありよう、後者が米国的な経済システムのありようだ、ということになる。

時代はそこから進んだ。デジタル化は汎用的なアプローチで解ける物事の範囲を次々に拡大している。人工知能の完成に近づく、とはそういうことである。そしてその時代の流れのなかで、かつては世界の中ではヨコ割りだった日本企業の経営が、いつしかタテ割りになったのである。逆に言えば、もともと日本がタテ割りだったわけではないし、文化的に運命づけられているわけでもない。

また、ここで誤解がないように言えば、課題を解くときの汎用的なアプローチが広がっている、ということと、課題自体が、あるいは我々の生きている世界自体が画一的になる、ということは全く別な、むしろ逆の話である。

チューリングがコンピュータの原理を思いついたことで、あるいはシャノンがスイッチングを使えば代数の問題が解けると気づいたことで、数学の問題自体が画一化されたわけではない。また、画像認識ができるようになったからといって、画像自体が画一的になるわけでもない。数学の問題であれ、画像であれ、多様性は多様性のままに残される。

多様な存在を汎用的なやり方で捉えることができる、そんなことがどうして可能になるのか。

その鍵となるのが、共通的な手法で解が出る範囲の水位が上がっている、というときの、「水位」をあげているものの正体であり、そのメカニズムである。それを「かたち」として図形的に表現すれば、層・レイヤーが積みあがる構造、菓子のミルフィーユのような構造である。次章はその話に入る。

第3章　レイヤーがコンピュータと人間の距離を埋める

のんびり過ごしたい休日の午後に、お茶を飲みながらふとページをめくる分厚い本がある。『ア・デイ・アット・エルブジ』、２０１１年にクローズしたエルブジというレストランについての本である。それはまるで写真集か画集のようだ。

店があったスペイン・カタロニア地方の岬の風景からはじまり、エルブジの一日を、そのシェフであったフェラン・アドリアや彼のスタッフの働く姿、そこで生み出され供される変幻万化の食の数々、それを生み出す過程で描かれたデッサン、そしてレストランを訪れたゲストが至福のときを過ごす笑顔などとともに、一日の時間の流れの中で紹介していく。

エルブジは、1960年代から営業していたようだが、アドリアが加わったのは1984年になってからで、後にシェフになる。97年にはミシュランの三つ星を獲得し、また雑誌が企画した専門家の投票で世界一のレストランに幾度も選ばれるなど、超有名かつ超人気のレストランに上りつめる。エルブジは一年のうち半年間、4月から9月までしか営業していなかったため、年間で予約可能な座席は約8000席だったのだが、そこに世界中から200万件を超える予約が殺到したらしい。

写真を眺めながらページを繰っていくと、たまに差し込まれている素っ気ないメモのようなものに突き当たる。それらには、エルブジというレストランを一つの仕組み、システムとして見たときに鍵となるポイントが書かれている。ここで紹介するのはそのメモの方のエッセンスである。

まずは食材と調理テクニックを徹底追求

エルブジのシステムの第一のポイントは、「いきなり具体的な料理そのものやメニューを考えない」ということにある。

エルブジのチームの作業は、様々な食材と調理のテクニックを蒐集しテストすることから始まる。エルブジが営業していた時期は、ちょうど冷戦の終結を契機とするグローバル化の時期と重なる。それもあって、エルブジのチームは世界中から食材を集めた。次に入手した食材を「いじる」。例えば同じアスパラガスでも、切り方、切り口、によって全く食感が変化する。そうして食材にひと手間を加える作業を様々な食材についてひたすら繰り返していく。それを通じて、例えばアスパラガスならアスパラガスの本質的な味（エルブジでは遺伝子と呼ぶ）と、それを表現する様々な切り方、かたちなどを表現型として整理していく。

次に様々な調理方法、テクニックを試す。それは例えばスペイン料理では使うがフランス料理ではあまり使わないテクニックをあえてフランス料理の食材に当てはめることもあれば、かつては使われていたが今は忘れられた調理法を掘り起こす場合もある。最も有名なのは、新しいテクノロジーを使って生み出した調理法を試すというものであった。例えば、「フォーム」（泡）と言われているが、ムースよりも軽い食感を追求するなかで、サイフォンを使ってまさに泡のような素材を作るというテクニックが発明され、様々な食材に応用された。

ここまでくると、食材×テクニックという表のようなものができる。さらにそれらと組み合わせるソースもかけ合わる。そうするとそれらから出来上がる料理の仮想候補リストのようなものが出来上がる。その「食材×テクニック×ソース＝そこから出来る料理」という構成からなる大きな表のことを、エルブジではメンタルパレットと呼んだ。

ここまでの第一段階の作業を行うために、エルブジはレストランから１００㎞以上遠く離れたバルセロナに別の拠点を持っていた。「ワークショップ」とか「イノベーションセンター」と呼ばれている。レストランが閉店している半年間は、主としてこちらで活動していたようだ。

「第六感」で料理する

こうした様々な準備をもとに、エルブジは営業シーズンに入り、開店の朝を迎える。では、その日の具体的な料理やメニューはどう決定されるのか。当然のことから言えば、それはその日の天候であり、あるいは仕入れの状況である。さらに、供される一つ一つの料理や食材がもたらす香り、見た目のプレゼンテーション、そして味覚である。と同時に、その日のメニュー全体を通じて表現される経験の全体、世界観のようなものが重視される。エルブジではそれを「第六感」と呼んだ。アドリアはこうしたコンセプトに到達するにあたり、日本の会席料理を参考にしたというから、日本の読者の方々には逆に当たり前のことなのかもしれないが。

エルブジのシステムは様々な工夫の宝庫であり、一言でここからの学びを要約することは難しい。しかし、まず言えることは、エルブジのビジネスモデルは、グローバル化から生まれ、デジタル化をそしてデジタル・トランスフォーメーションの本質を先取りしているように見えるということである。

もちろん２０１１年には閉店したエルブジが、デジタル技術を駆使したわけではない。倍率１００倍以上の殺到する注文をうまく捌くために、メールや顧客データベースのシステムをうまく活用してオンラインで処理したことはあったらしいが、それがここで取り上げたいことではない。ここで注目したいのは、上記で紹介したエルブジのビジネスの中核的な仕組み、つまりメニューを構築開発して当日ゲストをもてなすまでに至る仕組み自体が、デジタル的な思考を先取りしている、ということである。

エルブジをデジタル的に分析する

まず注目すべきは、全ての出発点として、ビジネスを大きく二つのレイヤーに分けた、ということである。一つは主としてバルセロナにあったワークショップで行われたレイヤー、いま一つはゲストをもてなすレストランのレイヤーである。そしてワークショップのレイヤーで採用されたアプローチが、前章で取り上げた「単純な仕掛けをつくると、目の前にないものも含めて何でもできてしまうかもしれない」という一般化・抽象化の思想である。つまり、世界中の食材×世界中の調理テクニックという掛け算をひたすら繰り返していけば、次第にありうる料理の全体に近づいていく、という考え方である。

彼らがメンタルパレットと呼んでいたものは、いわばデータベースである。現にエルブジのチームは、食材を簡単に分類し、また取捨選択が容易になるように、新たな分類カテゴリーを作り、それぞれにアイコンを割り振ったらしい。いまで言えばデータサイエンティストの仕事を、彼らワークショップのスタッフはやっていたのである。さらに言えば、このデータベース自体もさらにいくつかのレイヤーに分かれている。それは、素材の本質的な味である遺伝子のレイヤー、そしてそれを表現型に落とし込む様々な切り方などのレイヤー、そしてそれらに施す調理テクニックのレイヤーである。

また、彼らが全体のレイヤーをバルセロナ側とレストラン側との二つに大きく分けていたことには、明確に意識していた理由があった。それは、具体的な料理、メニューのレベルになると流行り廃《すた》りがあるが、素材とテクニックのレイヤーは不変のはずだ、だからこちらの基盤をしっかり作る事の方が重要だという考え方である。バルセロナ側のレイヤーはいわばOSで不変であり、レストラン側で日々繰り出されるものはアプリケーションだと考えられていた。

第二にわかることは、レイヤー構造を持ち込むと彼らのいうところの脱構築が起こるということである。つまり、エルブジの取り組みは様々な既存のタテ割りの仕組み、つまり各国料理ごとの間の垣根、主菜を中心に前菜やデザートが従うというフランス料理ではお決まりのメニューの構成、あるいは主素材を活かすために付け合わせとソースが補助する、という一皿ごとの構成を崩すことになったのである。つまりは、ヨコ割りのメカニズムとその哲学があって初めて、タテ割りの打破が可能であったことを示したと言って良い。

第三に、では一旦バラバラにしてみせた素材や調理法を、具体的に再統合してゲストが満足するように供する鍵は何かというと、それは顧客経験でありある種の世界観だということである。エルブジのスタッフはそれを音楽や絵画などからのインスピレーションに求め、全体を前述のように「第六感」と呼んだ。昨今デジタル・トランスフォーメーションにおいてUXが重要だとか、その時には提供側に世界観がないといけないという議論があ

図表 3.1　エルブジの仕組み

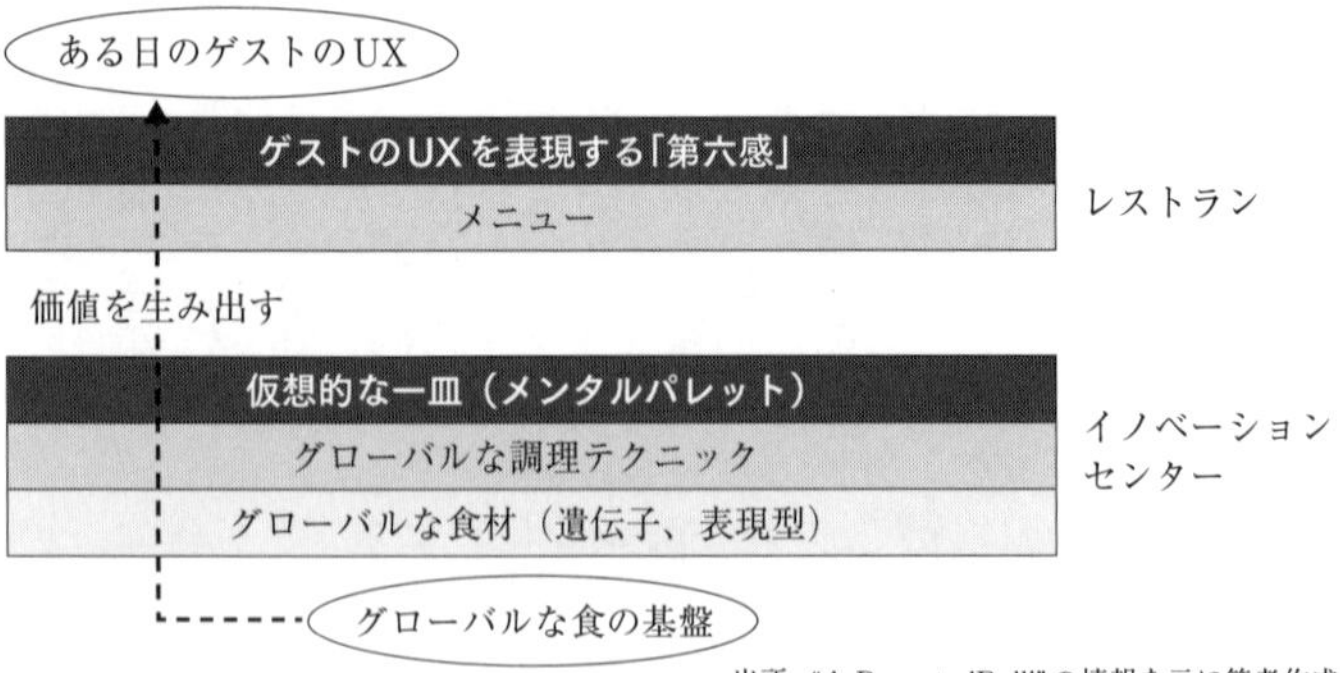

出所 "A Day at elBulli"の情報を元に筆者作成

るが、それを先取りしている。

本書は、デジタル化の本質やメカニズムを、図形的・視覚的に表現し、伝えられないか、ということを目的としている。そのことに立ち返れば、エルブジからわかるデジタル化のメカニズムの姿は、次のことである。つまり、一般化・抽象化をしようとすると、いくつかの「レイヤー」からなる重箱のような構造、もっと増えれば洋菓子のミルフィーユ（フランス語で「千の層」を意味している。）のような構造ができる、ということである。そしてそこから価値を生むという行為は、「層」を横切って、ある日のゲストに向けて引かれた「線」のようなものだ、ということである。（【図表3.1】）

ピラミッドを壊す

デジタル化のメカニズムはどのようなかた

ちをしているのか。その基本的な特徴をまず一言で言えば、それはエルブジのようにいくつものレイヤー、層が積み重なる構造をしている、ということである。そしてそれはソフトウェアがもつかたちである。

ソフトウェアも最初からそういうかたちをしていたわけではない。別のかたちだった。それはタテ割りを作り出す構造、つまりピラミッド型の構造である。

ピラミッド、そうエジプトにあるあれである。断面に切れば三角形になる。ピラミッド構造とはなんのことか。身近な例だとプラモデルやミニチュアの模型を作ることをイメージしてもらえば良い。ピラミッドには頂点がある。この場合にピラミッドの頂点にあたるものは何かというと、あなたが最終的に作りたいもの、つまり例えばガンダムのようなキャラクターや戦艦である。プラモデルを作りはじめる前には当然数々の部品がある。それらはその「頂点」――つまりはガンダム――を実現するためのものであり、そのためにだけ存在している。部品はさらにいくつかのより細かな部品に分けられることも多いが、それらもまた、組み合わせを繰り返せばガンダムに至るためにだけ存在している。ガンダムの部品を適宜アレンジすると戦艦大和になることはないし、うっかりソファーの隙間に落とした部品が後から出てきても、他の何かの役に立つわけではない。

草創期のソフトウェアは、このプラモデルと同じ状況にあった。一つの計算結果を出すために――例えば弾道計算をするために――それ専用の計算プログラムを一つ一つ書いた。その計算プログラムは、「弾道計算の結果を出す」という目的のためだけにあり、その役にしか立たない。また、当時のコンピュータは一回に一つの計算プログラムしか処理できず、計算が一度最後まで行くと、また次のプログラムを一から読みこんで、という作業を繰り返した。

この状況は、我々がいま日々経験しているデジタル環境とは全く異なる。我々のおそらく最も身近にあるコンピュータであるスマホは、ちょっといじることで、ニュースを見る画面から、地図を使ったナビゲーション、日々のスケジュール管理、あるいは音楽・動画鑑賞、写真の撮影・保存まで、瞬時に機能を切り替えることができる。また音楽を聴きながらレシピを検索することもできる。

では、弾道計算とスマホとの間には何が起きたのか。

それが、前章の末尾で触れたこと、つまり、共通的な手法で解が出る範囲を順に層・レイヤーとして積みあげてきたプロセスである。それは具体的にはどんなことを指すのか。

レイヤー構造を作らないと競争に勝てない

まずビジネスの例から始めよう。第7章で紹介することになる「アーキテクチャ」について説明した教科書に、次のような仮想の医療機器メーカーの事例があげられている。まさにピラミッド構造からレイヤー構造へのアーキテクチャの転換がなぜ起こるか、を説明する事例である。

その仮想の医療機器メーカーは、当初X線、CT、MRIという三つの製品を出している。三つの製品ともに、それぞれのためのディスプレイやプロセッサに加えて固有のソフトウェア群を持ち、それを使って画像を解析し、表示していた。プラモデルの事例と同じ話で、CTのソフトウェアはCTという頂点を支えるためにだけ作られた。しかしそのやり方が壁につきあたる。顧客からは、より高度なサービス、例えばデータをより深く解析すること、画像を鮮明にすること、ユーザーが選択できるオプションを増やすことができるような機能を求められる。それを達成するのはソフトウェアのアップデートである。製品のつくる付加価値のなかでソフトウェアの割合が高くなったといってもよい。

特に求められるのが、システム間の連携・統合である。システムの間で画像などのデータを共有し、医師や技師が一覧してダッシュボードのように利用できることを求められる。さらには、複数機器から得られる画像データを使って、それを診断に結びつけるシステムを作るようなことが求められる。あなたの企業がもしそうしたニーズに対応しないうちに、他の企業が先に統合診断システムを作ってしまうと、個別機器にしか対応していないソフトウェアは無意味になり、あなたの企業は単なるハードウェアメーカーに成り下がることになる。それを回避するためには、三つのピラミッドを別々に深化させるのとは異なる方向に舵を切らざるを得ない。

そうして出来上がるのが、レイヤー構造である。すなわち、X線、CT、MRIは機器としては別々だが、その上に共通のレイヤーが、例えば互いにデータを送り合うネットワーキング層、データの保存や解析を行う層、ユーザーとのインターフェース層などが乗る

図表 3.2　ピラミッドからレイヤーへ

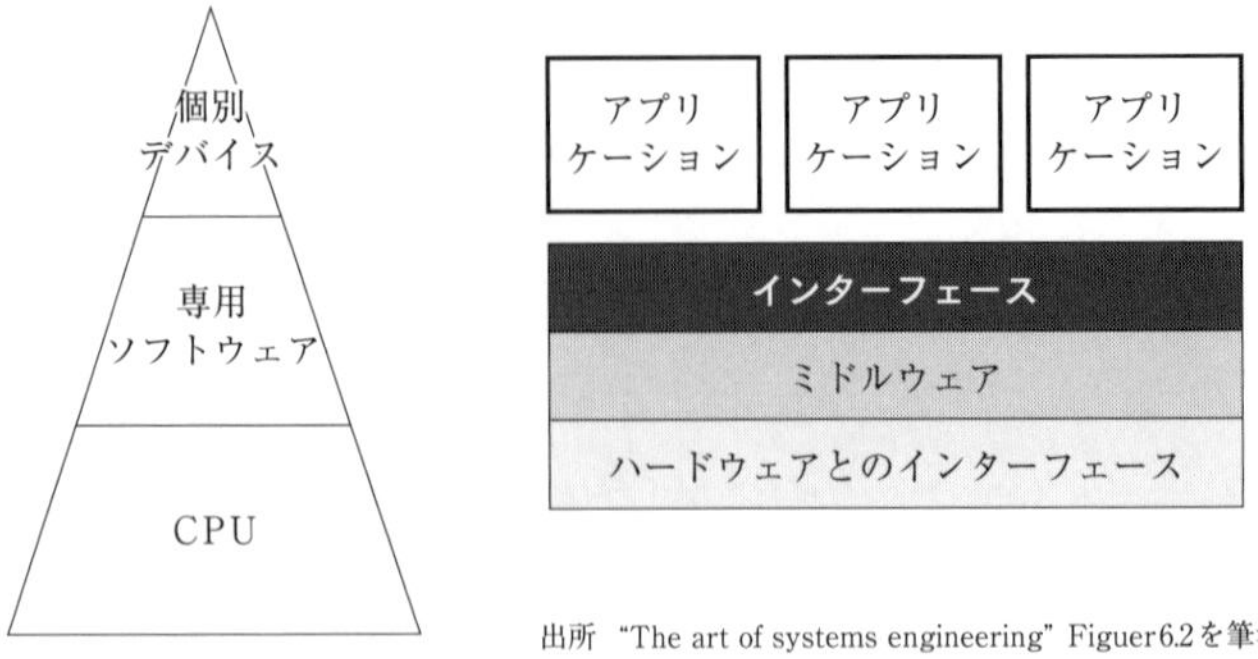

出所 "The art of systems engineering" Figuer6.2を筆者加工

構造ができる。そこまで共通のレイヤーができると、その上に診断結果を画像やデータを含めて一覧的に示し、それらを使って医師や技師が個別に分析などを行うためのアプリケーションが乗ることになる。（【図表3.2】）

それは、医療機器メーカーの組織にも変更をもたらすことになる。元々のシステム構成の下では、X線、CT、MRIという機器ごとに事業部門があり、責任者がいる。まさに事業部門別のタテ割り構造である。デジタル化でシステム構成がレイヤー構造になると、組織もまたそれを反映したヨコ割りにならざるを得ないのである。（この組織とシステムとの関係は第5章で改めて議論することとなる。）タテ割り打破の裏側にはデジタル化のロジックがあるということである。

さて、ここでは仮想の医療機器メーカーの例をもとにレイヤー構造になることを示したが、より原理的に考えると何がレイヤー構造への転換とレイヤーの増殖を促すのだろうか。

コンピュータと人間をつなぐ

なぜレイヤー構造になるのか。レイヤー構造になると何が可能になるのか。それは、簡単にいえば、電子機器としてのコンピュータのわかる言葉と人間のわかる言葉との間にあるギャップを埋めることである。そのギャップを埋めないと、人間が解いて欲しい課題をコンピュータが理解できず、役に立たないのである。

コンピュータの始まりはあらゆる計算が電気回路のスイッチングで表現できることだ、という話は以前に紹介した。このオンオフのスイッチングで表現すること、ゼロイチ表記であるビットに還元すること、これが機械としてのコンピュータが理解できる言葉である。これに対して、人間がコンピュータにやって欲しいことは、人間の使っている言葉で表現された課題のかたちをしている。例えば、「マップで渋谷駅から新宿御苑への経路と所要時間を知り、ナビゲートして欲しい」というようなことである。この間には大きなギャップがある。

コンピュータの草創期には、このギャップが手付かずのままのかたちであった。そうすると、人間がコンピュータの側に歩み寄るしかない。つまり、コンピュータが解きやすいような問題に限定し、コンピュータの言葉で一から課題を丁寧に説明するということである。弾道計算のような計算問題を、毎回毎回一からプログラムとして書き、それを一回一回コンピュータに読み込ませて計算させたことがそれにあたる。

しかしこれでは手間がかかりすぎるし役立つ範囲も限られる。そうこうするうちに、ハードウェアの進化が起こる。つまり一筆書きではない処理の仕方――並列して計算させる――ができるようになってきた。そこで登場するのがオペレーティングシステム（OS）である。よく知られたOSはマイクロソフトのウィンドウズである。OSは計算を行うハードウェア――前章で紹介したマイクロプロセッサがまさにそれにあたる――を並列して有効に使うための司令塔の役割を果たすとともに、その計算資源を使いたい具体的な「課題」に対応するアプリケーションソフトをその上に乗せて、計算資源と具体的な課題の処理とをつなぐ役割を果たす。かなり昔の事例でいうと、パソコンをワープロとして使って文書の作成もできるし、表計算もできる、ということである。

さらに、コンピュータがインターネットなどのネットワークにつながって、その先にあるサーバーなどと通信をしようとするようになると、その機能に特化してアプリケーション間で共有できる機能がくくり出されて、ミドルウェアができる。それによって、世界のウェブサイトにアクセスして必要なデータをダウンロードする、というようなことができるようになる。つまり、解ける課題が格段に増えたのである。こうしてレイヤーの増加と解ける課題の多様化、高度化とがセットで進んできたのが、デジタル化の歴史である。

通訳を重ねてコンピュータに話しかける

同時に作られるのが、言語のレイヤー構造である。人間がコンピュータに話しかけようとしても、お互いの言葉の距離が離れすぎている。一回の通訳では会話を成り立たせるのが難しいので、何段階も通訳を重ねるしかない。そういうイメージである。

プロセッサに具体的な計算の手順を指示する時に使われるのが「機械言語」と呼ばれる言語である。まさにゼロイチの表記になる。しかしこれは人間には極めて読みにくい。それでゼロイチで表現されている操作を人間（といってもプログラムを書くエンジニアだが）がわかる記号に対応させる、ということが起こる。それがアセンブリー言語と呼ばれる。さらに、実課題つまりはアプリケーションを実行するプログラムを書くことに特化して使われる言語が作られ、それらは高級言語とか高水準言語と呼ばれる。そして高水準から低水準に変換することをコンパイルと言い、それを実行するものをコンパイラと言う。

高水準、低水準というが、それを使いこなすのに必要なスキルの高低を表しているわけではない。むしろ機械言語に近い方がある意味で人間には難しいので、より高レベルにすら見えるかもしれない。そうではなくて、コンピュータを基礎に置き、人間が解きたい課題につなげる図を書いたときに、基礎に近いところ（つまり低い位置）にくることを低水準、逆に人間の実課題に近いところ（つまり高い位置）にくることを高水準と言っているだけである。要はここでいうレイヤー構造の話をしている。

カレー粉はなぜあるのか

ここでいう低水準から高水準に近づくことを、つまりより複雑で実社会で解きたい課題に近づくことを、実はコンピュータ科学でも「抽象化」とよぶ。そのとき抽象化が行っていることは、第2章で抽象化とよんだ作用と同じで、それを支えるより具体的な手順を省略して（隠して）、出来上がった高水準のものだけを端的に表現する、ということである。

ここでエルブジの例に戻ろう。「抽象化」とは、いちいち食材のレベルにまで戻らずに、実際にゲストが味わう料理名のレベルだけで議論することを意味している。食材を料理に変換するためにつくられたのがメンタルパレットである。エルブジの実例ではないが、料理の作業のなかで起こる抽象化のわかりやすい例で言えば、「カレー粉」みたいなものである。家庭で本格的にカレーを作った事がある人ならば、こういうことを経験したはずである。つまり、市販のカレー粉ではなく、それを構成している元のもの、カルダモン、クミン、ターメリックといった香辛料を自分で買って好みの配分で作ってみる、ということ（そしておそらく、買ったみたものの、面倒なので結局なかなか使われずに、賞味期限が過ぎてもそれらが棚にあるということも）である。カレー粉とはつまりは抽象化であり、その具体的な構成についての情報を隠蔽（ここでの隠蔽という言葉には「道徳的に悪い」という意味はない。）し、作業を高速化することを実現している。

エルブジは、この我々が家庭でカレー粉を使うようなことを、どんな料理にも当てはまる一般的な仕組みにしたわけだ。これまたエルブジの実例ではないが、わかりやすいので引き続きカレー粉の例で説明すると、抽象化したカレー粉に相当するレイヤーと、具体的なままのカルダモン、クミンに相当するレイヤーを全ての料理について作ったのである。それにさらにカレー粉を使うカレールーに相当するレイヤー、そしてカレールーを使ったカレーうどんのレイヤーという具合に、レイヤーをどんどん積み重ねていく。そうすることで、最終的には世界にある手付かずの食材（例えば胡椒や塩、アスパラガス）と、我々人間が日常直接口にする世界の料理との間を埋めることができる。

レイヤーが増えるとイノベーションにつながる

あるいはこう言っても良い。あなたがカルダモン、クミン、米、塩のような手付かずの食材を与えられて、もし一回しかそれに手を加えてはいけないとすると、そんなに洒落たものはできないし、バリエーションも限られる。しかし、もし何回も手を加えても良いとなれば、その手数に従って作ることのできる料理の数がどんどん増えていき、あなたが今食べたいもの——それがどんなご馳走であっても——に必ず辿り着くはずである。レイヤーが増えることは、この手数が増えることに対応している。そして、レイヤーが増えることで、世界の手付かずの食材とあなたが今食べたいものとの距離を埋めることになる。デジタル化の場合、その同じメカニズムが、ゼロイチの処理というコンピュータの提供できる素材と、人間が解いて欲しい実課題との距離を埋めているのである。

レイヤー構造を作ることで可能になることがもう一つある。それもまたエルブジとデジタル化に共通だ。それは、エルブジの例でいえば、レイヤー構造を作ることを通じて、今あなたが頭に浮かぶ食べたい料理を作るだけではなく、あなたがこれまで見たこともない新しい料理を次々と作り出すことが出来るということだ。デジタル化でも同じだ。こうしたレイヤー構造ができることで、これまでにはなかったような新しいソリューションを次々と実現してしまうことになる。これもまた、単一の製品を作るためだけにあるピラミッド構造との決定的な差だ。レイヤー構造は、まさに日本企業が今やらなければいけないこと、日常的にサッカーをするための仕組みなのである。

エルブジは、２０１１年に閉店したということを紹介した。それはエルブジのビジネスモデルに原因があったと言ってもよいのではないか。エルブジは、デジタル化で言うところのＯＳもアプリケーションも全てを自分の中に取り込んでしまっている。ウィンドウズを自分のためにだけ作っているようなものだ。レイヤー構造化することの目的は、それさえあれば何でもつくることが可能で、今までなかったものも次々と創造されていくということにある。それが活かされるためには、具体的なアプリケーションやその担い手が多種多様でなければならない。そうでなければ、エルブジの場合のバルセロナ側のレイヤーを真に活かすことは出来ない。その出口を一つのレストラン（エルブジ）に限ったことが、エルブジにとっての蹉跌につながったと言えるのではないか。

深さのあるネットワークとは

本章では、デジタル化にかたちがあるとすると、それはどんなものなのかについて議論している。ここまでで、それはレイヤーが積み重なったミルフィーユのようなかたちだ、と述べた。しかし、と思う人もいるかもしれない。これまでたとえば「情報化社会」というと、ネットワーク化のことであると説明されるのがふつうではなかったのか。つまりデジタル化を表すかたちがあるのだとすれば、それはネットワークなのではないのか、という疑問である。

ネットワークと言っても間違いではないだろう。しかし、結論を先取りして言えば、より正しく言えば「深さのあるネットワークだ」と表現すべきなのだと私は考える。そしてその深さに対応するのがレイヤー構造であり、ミルフィーユだ。深さのあるネットワーク。そんなことを言われてもよくわからないな、というのがほとんどの読者の反応だろう。そこに至るために、まずネットワークの話に一度立ち戻ることにしたい。

ちょうど私が社会人になった頃、日本でもネットワークという言葉が使われ始めた。1988年には今井賢一、金子郁容両氏による『ネットワーク組織論』（岩波書店刊）が出版された。そこには、それまでの発想とは異なる新たな社会の到来を告げる風のような清々しさがあったように思う。ティム・バーナーズ＝リーがWWW（ウェブ）を発明するよりも前のことである。その後インターネット、ウェブはあらゆる社会生活を大きく変えていく。そして世紀の境目のあたりから、ネットワーク理論という分野が注目されるようになる。

ネットワーク理論は何をしたのか。まず、社会システムの形をまさにネットワークとしてイメージする。つまり、点（「ノード」という）とそれらをつなぐ線（「リンク」という）との関係で表現するわけだ。そのうえで、その「つながり具合」で社会の特徴を説明しようとするのである。

例えば、ネットワーク理論では、ネットワークを三つのパターンに分ける。一つ目は、それぞれの点が結びつき合うパターンが決まりきっている場合であり、具体的には、お互い近くにいるものどうしだけが結びつきあうというパターンである。これをパターンAとしよう。他の極には、その逆、全ての点どうしが見た目の距離とは関係なく、ランダムに結びつく関係――つまり実質的には全てが等距離にある――場合がある。これをパターンCとする。三つ目はその中間であり、パターンBとする。パターンAはいわばカイシャ、つまりタテ割りの論理である。組織内にいるものどうしは近く、他は遠い。今日会った人とは明日も明後日も会うことになる。パターンCはその逆である。今日誰と会ったのかと、明日は誰と会うのかは全く関係がない。毎日、世界のどこの人とでもオンラインで出会うような感覚を指している。以上の分類をもとに、ネットワーク理論は何を見出したのか。

ざっくり言えば、イノベーションが起こり、それが社会の中に広がるのに適したパターンがある、ということである。それはもちろんパターンA、つまりカイシャ、タテ割りではない。と同時に、それはパターンCでもない、というのがネットワーク理論の発見である。仮に点を個人だとすると、個人と個人とが「適度に」混じり合うような場合、つまり

図表 3.3　ネットワークの３分類

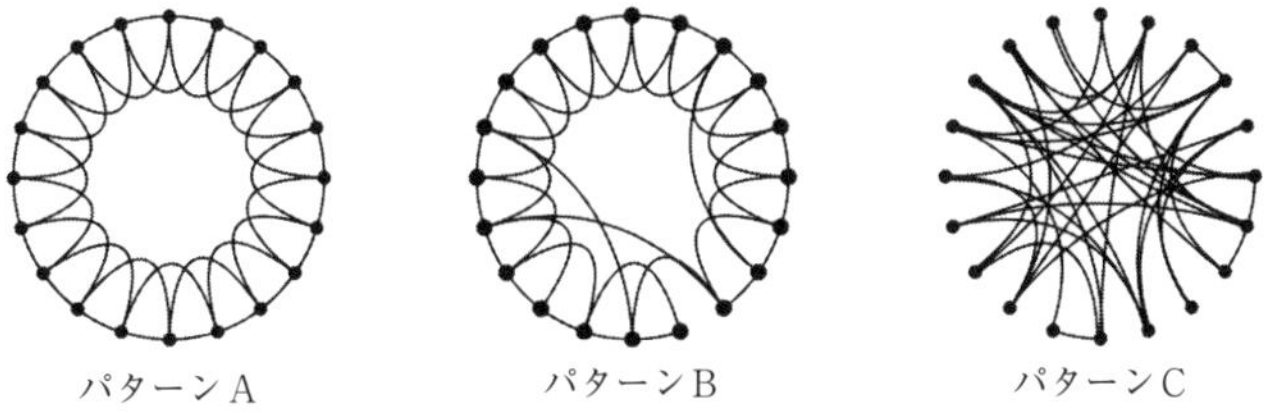

出所　Duncan J. Watts & Steven H. Strogatz“Collective dynamics of ‘small-world’ networks”Figure 1（NATURE/VOL393/4 JUNE 1998掲載）を筆者加工

秩序でがんじがらめのタテ割りではないが、かといって全くのランダム＝無秩序でもないような場合、つまりパターンBが最適だ、ということである。（【図表3.3】）そして世界を観察してみると、パターンBが多く見つかるというのもネットワーク理論の発見だ。「6人の知り合いをたどれば世界の人につながる」という有名な仮説をこれで説明できるのでは、ということで、パターンBのようなかたちをスモールワールドとも呼ぶ。

実はそれと同じようなことをネットワーク理論が「理論化」する前に述べた人がいる。グラノベッターという社会学者である。1973年に彼が見出したことは、少しあからさまに翻訳をすれば、「弱いつながりこそが決定的なインパクトをもつ」ということである。

本書のコンテクストに引き直すと、グラノベッターが言ったことは次のようなことになる。普段から濃密に付き合う人たちのグループは、それはそれである。つまりある程度のタテ割りはあるということだ。しかし同時に、そのグループには属していない人、つまり自分の属するグループとは全く異なる属性を持つ人、例えば業種も国籍も専門分野も年齢も性別も異なる人とのふとした交流が折に触れてある。その「ふとした出会い」つまりは「弱いつながり」が決定的なインパクトを持ち、イノベーションにつながる、ということである。言い換えれば、「混沌」と「固い秩序」との間に「柔らかい秩序」があり、それができるとイノベーションにつながりやすい、といっても良いであろう。

いつでもオープンイノベーションが起こるかたち

私も関わった2008年の産業構造審議会小委員会の報告書（「知識組替えの衝撃〜現代産業構造変化の本質〜」）は、日本の産業におけるオープンイノベーションの必要性を訴えた。ネットワーク理論に「ハマった」のはその頃である。それから10年以上が経った。日本企業にも霞が関にもオープンイノベーションという言葉は浸透した。

しかし、残念ながらその後日本でオープンイノベーションが実践として浸透し成功したとは言い難い。そして日本が戸惑っている間に、世界はそしてデジタル化ははるか先まで行ってしまった。その事態を、産業自体が根本的に転換しつつあるという意味でＩＸ（インダストリー・トランスフォーメーション）と呼んだわけである。今ならＩＸの地図のようなものが描けるのではないか。そしてそのことが日本の企業、経営者、行政に必要なのではないか。それが本書で取り組んでいることである。

なぜその話にここで改めて触れるのか。それは、ＩＸの地図を描くということは、実は「ネットワーク理論の先」を示すことだとも思うからだ。確かに、オープンイノベーションという言葉あるいはネットワークという考え方は、新しい社会、新しい産業、新しい組織の到来を告げた。そして「弱いつながり」という着眼点は、その変化の端緒を見事に表現しており、現在でもその意義は失われていないとも思う。と同時に、ネットワーク理論はオープンイノベーションが浸透し恒常化した社会がどんなかたちをしているのか、というところまでは示していないとも言える。つまり、本書の表現を使って天気予報風に言えば、「弱いつながり」は「野球ときどきサッカー」の話をしている。しかし、いま企業はサッカー、探求を恒常的にしなければいけない時代である。「サッカーところによって野球」の時代なのだ。ならばそれはどういうかたちなのか。それが示せるのなら、それがＩＸの地図に近いはずだ。

その形のことを「深さのあるネットワーク」と呼んだ。そのヒントになるのが、「ディープラーニング」という技術である。

人工知能はディープラーニングで不得意科目を克服した

ディープラーニングは、現在の人工知能の急速な発展のもとになっている技術である。画像認識の分野で人工知能の認識精度を急速に向上させ、すでに人間を超えるレベルになっている。

そのすごさを世界にまざまざと示したのが、ディープマインドが開発したアルファ碁が2016年から翌17年にかけて囲碁の世界のトップ棋士を次々に破ったことである。それがなぜ驚きをもってとらえられたのかというと、囲碁はながらく人工知能の不得意科目だと考えられてきたからであった。

人工知能は元は何が得意だったのか。それは、「ありうる全ての選択肢を人間よりも圧倒的な速さでチェックし尽くすこと」である。例えば迷路の問題を与えられて、その出口に至るルートを調べる場合、とりうるルートを全て書き出してしまう。迷路の曲がり角を点で、角と次の角の間のルートを線で表現すれば、迷路の具体的なかたちとは関係なく、同じように表現することができる。ゼロイチ表現に落とし込むのと似たような話だ。あとは、その組み合わせ（探索木《たんさくぎ》といわれる）全てをひたすらチェックしていけば、出口に至るルートを特定できる。全ては計算が速いかどうかだけで決まる。

ところが、囲碁の場合にはそうはいかない。可能な選択肢があまりにも膨大で、コンピュータであっても時間が途方もなくかかってしまうからだ。それは囲碁の盤面自体が単純（19×19の格子が書かれた碁盤の上に黒か白の碁石があるだけ）だからである。そのことが、可能な盤面の数を天文学的な数にする。囲碁の可能な盤面は10の170乗とも言われる。チェスや将棋よりもはるかに多い。我々の知る宇宙に存在する原子の数は10の80乗とも言われる。囲碁の盤面の数はまさに超天文学的なのである。

では、人間の棋士はどうやって指しているのか。それがパターン認識である。人間は実際に誰かと対戦し、あるいは過去の棋譜を見ることを通じて、「勝ちにつながるパターン」を体得している。ミクロ的に一つ一つの全ての潜在的な打ち手をチェックすることなく、「勝ちにつながるパターン」をいわばマクロで認識しているのである。ディープラーニングの登場以前には、そうしたことは人間だからこそ出来るが、人工知能あるいはコンピュータには不得意なことであると思われてきた。

この話は画像認識一般、例えば「猫を猫として見分ける」場合でも同じである。人間は猫を猫であると苦もなく見分けるのだが、それはあなたや私が世界の全ての猫を見たことがあって、あるいはついでに全ての犬も見たことがあって、その上でその記憶をもとに目の前にいる動物が「(犬ではなく）猫だ」と判断しているわけではない。そうしたことをせずに、目の前にあるのが「猫っぽい」と判断できている。この「猫っぽい」に当たるのが、囲碁でいうと「この手を打つと勝てるっぽい」という認識に当たる。マクロのパターン認識であり、「特徴量」と呼ばれている。

アルファ碁、つまりディープラーニング技術はそのことを達成してしまったのだ。そのメカニズムは何か。それがつまり先に述べた「深さのあるネットワーク」ということである。

深さはなぜ役立つのか

ディープラーニングはニューラルネットワークの一種である。もともとの発想は、ある画像（入力データ）を与えられた時に、それから「猫だ」という判断（出力データ）を得たいのなら、それを実行できている人間の脳のような感じでやってみたらどうかという発想からきている。それがつまりは、脳神経（ニューラルネットワーク）のようなかたちであり、入力と出力をネットワークで結ぶとうまく行くのではないか、という発想である。

結論から言うと、ディープラーニングは、そのネットワークの入力と出力の間に多段階の層（人間には詳しくは見えない途中経過だから「隠れ層」という）を設けたところ、すごく上手く行ったということに端を発している。単に層の数が多ければ多い方が良いというわけではないのだが、1000の層を試すこともあるらしい。まさにミルフィーユなのである。要するに、ミルフィーユを置いた上にネットワークを重ねてみて、ミルフィーユの一つ一つの層の間のつながり具合をデータから学習させる、というやり方をとったということだ。

そしてこの幾重にも層を重ねるという工夫によって、「猫っぽい」ことも「犬っぽい」ことも「西山圭太っぽい顔だ」ということも判断できてしまう。

エルブジのような料理の例に戻って説明すると、これは何を意味するのか。「あなたが今食べたいもの」が出力で、世界の食材が入力だとする。それを結びつけるのがネットワークだ。しかし先述したように、もし手数を一回しかかけてはならないとすると、あなたが今食べたいものには辿り着けない。したがって、手数を増やせるように、出力と入力とをつなぐネットワークを複数のレイヤーを持った「深い」かたちにする。かつ、そのときに、世界の食材のあらゆる組み合わせをいちいち試していたら、膨大な作業になってしまい、あなたが食べたいものにはなかなか辿り着けない。しかし、例えば「カレー粉」という存在を知っていたとしたら、いちいちカルダモン、ターメリックの組み合わせに戻らずとも、カレーライス、ドライカレー、カレー南蛮……と、次々に「あなたが好きかもしれない」ものを作ることができる。

ディープラーニングとは、深い階層を使うことで、人工知能が「カレー粉」のような中間解を学習して、素早く最終解に辿り着く仕組みなのである。あるいは、最終解に至るのに役立つ中間解を学習しているのだ、と言っても良いだろう。カレー粉が売られているのは、それを経てカレーライスを含めた様々な料理＝最終解にもつながることが見出されているからだ。

「深さのあるネットワーク」がもう一つ実現していることがある。それは、今述べたように出力が「あなたが今食べたいもの」になっている、ということだ。エルブジの話にもう一度戻ろう。エルブジはたしかに食材とテクニックを分解してデータベース化し、メンタルパレットを作った。しかし、実際にレストランでその日のメニューを考えるときに何をしたのか。それは音楽や絵画などからインスピレーションを得たり、「第六感」というコンセプトで考えることで、ゲストに楽しんでほしい経験を人間が頭の中で組み立てて、そのアイディアとメンタルパレットの両方を睨んで、その日の料理を決めていたのである。

では、ディープラーニングが実現していることは何か。例えば「猫」の画像認識であれば、それは対象の物質的な構成要素――例えばDNA――を分析して、確かにそこに写っているのは猫だ、と判定しているわけではない。その画像から受ける印象が「猫っぽい」と分析しているわけだ。つまり物質を分解しているのではなく、ある種の経験やその経験を構成している質を分析していることになる。難しくいうと、意識を構成しているとされるクオリアに相当するものだと言えるだろう。アルファ碁の例だと、「この手を打つと勝てるっぽい」というマクロのパターン認識を得ることがこれにあたる。

人間の課題と半導体の間をつなぐ

電子機器としてのコンピュータのわかる言葉と人間の解きたい実課題とのギャップを埋めようとすると、その間がレイヤー構造になると説明した。ここで行われているのも同じことであり、それへ向けた大きな一歩だ。つまり、コンピュータを使って囲碁に勝つためには、画像に映ったピクセル毎《ごと》の色彩というゼロイチに相当する物質的な単位と、「勝てるっぽい」という経験的・質的・マクロ的なパターンとを結びつけなければならない。そのギャップを埋めないと、人間が解いて欲しい課題をコンピュータが理解できず、役に立たないからだ。アルファ碁そしてディープラーニング技術はそのギャップを埋め始めている。

もちろんいまのディープラーニング技術には限界があるので、多くの場合に経験的・質的・マクロ的なパターンを括《くく》り出すお膳立てを人間が行っている。それがデータサイエンスである。あるいはもっと古いやり方に遡れば、マーケティングの手法で使われてきた

「セグメンテーション」「ターゲティング」というのがそれにあたる。それは、年齢や性別など、人間が一見してわかる指標を元に顧客をパターン化し、それが共通であれば購買行動も似るだろうというザックリとした手法である。例えば20歳－34歳の女性をＦ１層と呼んで、そこを商品のターゲットにするような話である。もちろん、同じ世代、同じ性別の人でも欲しいものは千差万別である。従って、単にＦ１層ということではなく、それにライフスタイルなど新しい要素を付加するとより精緻にはなる。しかし今度はそれを人手だけで分析しようとすると面倒になる。そこで登場するいわば妥協策が、人＋コンピュータ、つまりデータサイエンス＋機械学習という、現在マーケティングで使われているアプローチである。

ずいぶん回り道をした。結論的に言えば、デジタル化は、ゼロイチで表現できる計算というコンピュータがもともと処理できることと、人間が解いて欲しい実課題との距離を埋めることを目指した発展過程だ。それを図形的に表現すれば、デジタル化のかたちはレイヤー構造をしていて、レイヤーが増えることでその距離を縮めている。そのどこまでを人手で処理するか、コンピュータに任せるかは、技術の進展とともに変化していく。

そして、具体的な課題が与えられると、そのソリューションを得るために、課題に応じて層と層の間のつながり方が変わる。エルブジの場合には、季節が巡り新しいゲストが訪れれば、食材からレイヤーを横切ってゲストに向けて引かれる線の引き方が変わり、出される料理が変わる。画像認識のためのニューラルネットワークであれば、入力される画像データが猫かイングリッド・バーグマンかでつながり方が変わる。ディープラーニング技術が示しているのは、深さのあるレイヤー構造を使うことで、ネットワーク理論が求めようとしたもの、すなわち完全に定型的でもランダムでもない、適度に良いつなぎ方をしたネットワークのかたちに相当するものを探索できる、ということである。そこまでを表現しようとすれば、デジタル化のかたちは「深いレイヤー構造を使ったネットワーク」だ、ということになる。

では、原理はそうだとして、デジタル化の現在地から見たときに、その層は具体的にいくつあって、それぞれは何をしているとイメージしたら良いのか。それがデジタル化の白地図であり、次章で議論することとしたい。

第4章　デジタル化の白地図を描く

最初に中国で世界最大級のオンラインマーケットを運営しているアリババのビジネスモデルを取り上げる。ここでは、アリババの最高戦略責任者であったミン・ゾンがその著書『アリババ　世界最強のスマートビジネス』で行っている解説をもとにしながらも、デジタル化全体の構造の議論につながるように、本書なりの枠組みでアリババのビジネスモデルの特徴を示すこととしたい。

なぜアリババからはじめるのか。その理由は二つある。

第一は、アリババのビジネスがカバーしている範囲が広いということにある。ミン・ゾンによれば、アリババが直接間接にカバーするビジネスの範囲は、アマゾン、イーベイ、ペイパル、グーグル、フェデックスさらには卸売会社や製造業をもカバーするものだという。従って、アリババが取り組んできたことを見ることで、現時点のデジタル化の全体像に近づくことができる。

第二は、アリババ自体が社内でビジネスを議論するときに「点・線・面」という図形的な表現を使うからである。そうした彼らの発想そのものが、本書で展開しているデジタル化時代の歩き方の発想と似ている。ただし、具体的な説明の仕方はミン・ゾンやアリババとは少し異なるアプローチをとり、前章で説明したレイヤー構造を道具立てとして使う。

ミン・ゾンはアリババが担っているメカニズムは二つだという。一つがネットワークコーディネーションであり、いま一つはデータインテリジェンスである。それを中国的に「陰と陽」として表現している。ネットワークコーディネーションが陽、データインテリジェンスが陰である。ネットワークコーディネーションは、アリババが創業以来関わってきた、オンライン小売市場のタオバオに関係するプレイヤーの間のコーディネーションを指している。関係するプレイヤーは、売り手としての出店者、買い手である消費者、卸売、メーカー、決済事業、ソーシャルメディア、広告、そして出店者をサポートするサービスプロバイダーなどである。その間をデータでつないで最適になるよう調整することをネットワークコーディネーション、と言っている。

市場が急成長するにつれて、コーディネーションの対象となる件数、頻度は膨大になる。「独身の日」と呼ばれる超大型セールの集中日は特に顕著である。２０１７年のピーク時には毎秒32万5000件の取引を処理したという。その膨大なトラフィックを無駄なく処理し、広告やレコメンデーションなどで最適な組み合わせを実現するには、大量のデータとアルゴリズムを使った裏側の仕掛け（なので「陰」になる）が必要になる。それをデータインテリジェンスと呼んでいる。

アリババはウェディングケーキのかたちをしている

しかし、アリババのやっていることをデジタル化時代の白地図の下敷きとして使うとしたら、次のように表現する方がより適切であるように思う。つまり、アリババはデータインテリジェンスを使った超スマートなネットワークコーディネーションの機能を、レイヤー構造のかたちをしたインフラで提供しているということだ。そして彼らが提供しているものが、デジタル化の現在地から見たレイヤー構造の具体的な内容であり、かたちだ、ということになる。

ミン・ゾンは、アリババは市場全体のインフラに膨大な投資をして公共財のように提供してきたということを強調する。それは、例えばクラウドへの投資である。アリババは十分な計算資源が確保できるよう、クラウドシステムを内製化している。そしてそこに市場参加者が共通して使う計算資源を割り振って、検索し、デジタル広告を打ち、レコメンドするためのエンジンを搭載している。この膨大なデータ処理を効率的に実行するために、計算資源の配分を制御するソフトウェア群がある。それをミン・ゾンはテクニカル・スタックと呼んでいる。層構造だということである。

そのテクニカル・スタックにサポートされながら、具体的なデータ処理が次々と行われる。例えば、市場参加者のデータをもとに、誰に何を推薦し、どの広告をいつ打ち、どのルートで何を調達し、どの物流業者を使うか、といったようなことを自動的に判断するためのデータ処理である。さらに、市場参加者の決済能力の信頼度を評価し、潜んでいる可能性のあるスパムや詐欺を発見するセキュリティ面での対応も、データを使って自動的に行う。それがデータインテリジェンスである。このデータインテリジェンスの実行にあたっては機械学習が使われる。機械学習とは、コンピュータを使ってデータからパターンを見出す手法一般を指す。その最先端の手法が、前章で紹介したディープラーニングである。そして、ミン・ゾンは、データインテリジェンスを支えるのは、強力な機械学習のプログラムであって、複数のアルゴリズムを層状に重ねて協調させたものだという。ここに現れるのもまたレイヤー構造である。

ここで一旦、まとめよう。アリババがやっていることは、世界的に見ても類のない巨大な規模に成長したオンライン小売市場のタオバオに、インフラを提供することである。そのインフラはレイヤー構造をしており、かつ、その全体を上下二層に分けることができる。下半分がクラウドをベースにした膨大な計算能力を支える物理的なインフラであり、その上に乗るのがデータ解析のためのアルゴリズムのセットである。そしてそのいずれもがレイヤー構造になっている。2段重ねのウェディングケーキのようなものだ。

図表 4.1　アリババ=ウェディングケーキ

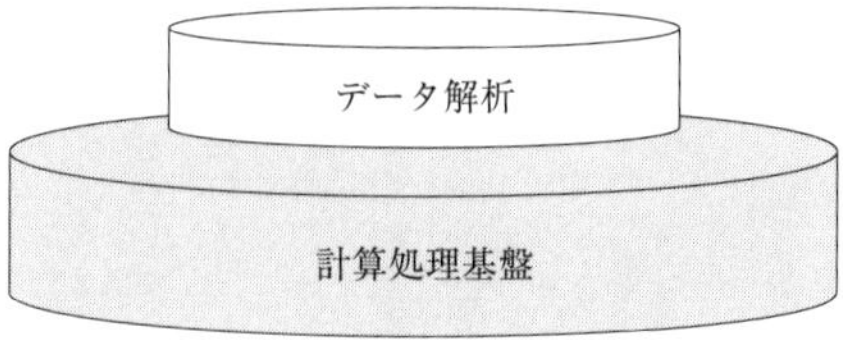

出所　ミン・ゾン『アリババ』の情報を元に筆者作成

アリババが2段重ねのケーキになっているのは、デジタル化の歴史を反映している、とも言える。単純化すれば、まずムーアの法則の時代があり、計算処理能力が急速に増加した。それに見合うのがケーキの1層目である。次にインターネットが発達し、世界中のデータが入力され、いわゆるビッグデータの時代が到来する。それを分析して価値につなげるのが、ケーキの2層目だということになる。

あえて言えば、アリババとは会社組織のことではなく、この2層のケーキのようなレイヤー構造体のことを指している、と言っても良いのではないか。【図表4.1】

アリババはレイヤーを増やすことで成長した

前節で、アリババのビジネスの基本は、計算処理基盤、データ解析の二つのインフラをレイヤー構造体として提供することだ、と述べた。同様に、アリババのビジネスの成長は、アリババが関わるエコシステムのレイヤーを増やすことなのだ、と単純化することができる。

タオバオ発展の初期に起こったことは、こういうことらしい。その当時（と言ってもまだ20年もたっていないが）は、出店者はいずれもオンラインでビジネスをすることに不慣れであった。出店者をサポートする機能がないと、出店者が増えない。この段階で出店者をサポートしたのは、各々のウェブサイトを素敵な感じにするための、目を引く写真を撮るフォトグラファーであり、気の利いたストーリーを書くライターであり、魅力的なモデルであった。しかしタオバオ市場が発達し成熟化すると、サポート機能はそれ自体がソフトウェアのかたちをとるようになる。すると、出店者が好みのソフトウェアをアプリケーションとして選択し、かつそれらがデータでつながるような環境が必要になる。つまり、前章で説明した医療機器メーカーのチャレンジと同じようなこと――データを連携させてアプリケーションを豊富にすること――がここでも課題になったのである。

そこで、アリババが実行したのは、それを可能にする基盤を新しいレイヤーとして提供することであった。そのレイヤーを支えるのがＡＰＩである。ＡＰＩとは、アプリケーション・プログラミング・インターフェースの略であるが、ソフトウェアどうしが情報をやりとりするために定められた、接続や操作に関する仕様を指す。それらを使って開発されたアプリケーションは、相互にデータを共有し通信できるようになる。そういう状態ができると、ユーザーである出店者は自分好みのアプリケーションを選び、かつそれらを一体としてストレスなく使えるようになる。

その結果、ＡＰＩを利用した様々なアプリケーションがレイヤーとして増える。それらのアプリケーションを開発して提供するのは、独立系のプレイヤーだ。このレイヤーが増えることで、タオバオの市場は参加者にとってより魅力的になり、参加者が増えるという好循環が生まれる。このレイヤーが増えたのは２００９年、今から約10年前である。

アリババは製造業をレイヤー構造に変えた

もう一つのレイヤーの増加は、より最近のことであり、まだタオバオ全体をカバーしているわけではないようだ。それは、アリババも出資しているルーハンという企業が担っている。ルーハンは、ウェブセレブというビジネスモデルをサポートしつつ、そのサプライチェーン全体をオンライン化・自動化している会社である。ウェブセレブとは、インフルエンサーのようなもので、彼らをＳＮＳでフォローするファンに支えられて、オンライン上でブランドを新たに作って起業するビジネスモデルのことを指すらしい。

では、ルーハンは何をしているのか。ルーハンは、ウェブセレブとフォロワーとの間、あるいはフォロワー間の頻繁なやり取りが生み出す、極めて豊富なデータに着目した会社だ。ルーハンはこのビッグデータと、マーケティング、調達、製造とを結びつける。そして、オンラインかつ全自動のカンバン方式のようなことを実現している。また、そのシステムを共通化することで、ルーハンは数十のウェブセレブとそのブランドを同時にサポートしている。ブランドを共通プラットフォームの上に載せることで急成長し、今や伝統的なブランドの多くを傘下に収めたのがベルナール・アルノーのＬＶＭＨだが、そのオンライン版のようなものである。

ルーハンは、例えばウェブセレブが身につけたファッションに、フォロワーがSNS上でどう反応するかを把握し、分析する。それを元に、どの商品をいつどんなスタイルで投入するのがベストかを選択する。それに合わせて製造計画も決定する。加えて、伝統的なアパレルの製造プロセスを大幅に変えてしまう。商品の投入スピードを上げるために、アパレル製造のプロセスを標準的な段階ごとにモジュール化し、別々の工場に委託するのだ。

新製品のパターニングができれば、それを具体的な製造手順に分解するのもソフトウェアの役割である。また、デザイナーがデザインをするに当たっても、どの素材を選ぶとその調達にどのくらい時間がかかり、結果として生産から納入・販売までに要する時間がどう増減するのかを、自動的にシミュレーションし確認できる仕組みを導入している。これらを通じて、ルーハンは商品開発からデリバリーまでを超短縮化し、在庫をなくし、新商品投入の頻度と売り上げを増やす。まさにアパレル業界全体のDXでありIXである。

システムからケーキを連想する人は多い

この製造プロセスからソーシャルメディア、販売までをつないだソフトウェアソリューションをルーハンはなんと呼んだのか。「レイヤーケーキ」である。その名が表す通り、ソフトウェアのレイヤーを組み上げることで、オンライン小売市場周辺のみならず、製造過程、素材調達、製品設計などサプライチェーンを幅広くカバーしていると言える。レイヤーの増加とＤＸの範囲の拡大とがセットになっているのだ。

なお、「レイヤーケーキ」という名は、ウェブを考案したティム・バーナーズ＝リーが、次世代のウェブを提案したときに、そのフレームワークを表す名称として使ったもののようだ。ちなみにそのウェブはセマンティック・ウェブと呼ばれ、実現はしていないが、レイヤーを積み重ねることで、文書データの共有だけの当初のウェブから意味をもつ知識の共有の場にしよう、という発想が元になっている。ここで議論されている、レイヤーを積み重ねることで人間の実課題に近づけるという発想に近い。

さらに余計なことだが、食の世界でレイヤーケーキとは、スポンジとクリームが交互に階層をなすケーキ一般のジャンルのことで、ウェディングケーキもこれに属するらしい。また、その源流にあるのがミルフィーユのようだ。食とデジタル化とは、やはりなぜか近い間柄にあるようだ。

アリババを白地図の土台にする

以上の話は、単なるアリババの成功物語ではないし、ＧＡＦＡなどがやっていることを含めて、デジタル化のメカニズムとして一般化することができる。これまでも述べたように、デジタル化とは、最も単純なゼロイチの物理的な表現から、現実に存在する複雑な人間の実課題を解決することとの間を、共通のレイヤーをいくつも重ねることで連結しよう、というメカニズムである。アリババのようなやり方が浸透することで、新たなレイヤーが社会、産業のなかで、共有される。まさに白地図であり、個社を超えて産業全体のトランスフォーメーションにつながっていく。

その意味で、アリババが自らが提供しているものをインフラだと考え、公共財だと認識することには理由がある。もちろん、GAFAを含めて、そのことが引き起こす競争政策上の、あるいはプライバシーを巡る様々な問題は当然にある。しかし、それに対処するためにも、デジタル化の構造、白地図をまず理解することが必要であり、それ抜きに本質的な解決策は見出せない。（これらの問題や政府とIXとの関係については、後に触れる。）

アリババのようなやり方が産業全体で共有され、デジタル化の白地図になるメカニズムとはどのようなものか。

これを説明するには、インターネットの普及とともに拡大したクライアント・サーバと呼ばれるソフトウェアのモデルに立ち戻って説明するのがわかりやすい。クライアント・サーバモデルは、一つのメインフレーム・コンピュータでやってきた仕事を多数のコンピュータで分業しようという考え方である。ただし、クライアント・サーバで行われる分業は、単に一つの計算を並行的に分業処理するという方法ではない。その名の通り、クライアントとサーバーという二つの異なる役割に分けた。クライアントとは、実際の処理したい問題を持つユーザーがいる側であり、サーバーはそれに必要な計算能力の提供やデータの保存など問題の解決を行う側である。サーバーは複数のクライアントに対してサービスを提供することになる。

この二つの機能を分けることで、それぞれがその役割に集中することができる。クライアント側はユーザーが処理したい課題の内容をスムーズに要求する機能に特化する。そのことによって、ユーザーは自らのニーズに合わせて、自分の要求を伝えるのに使い勝手の良いインターフェース――今ならスマホかスマートスピーカーかといったような――を選択できる。サーバーの側は例えばメモリーを提供することに特化し、規模の拡大を追求することができるようになる。

クラウドサービスがビジネスの組み立てを共有化する

その先に実現したのが、クラウドというサービスの仕組みである。

クラウドサービスを提供している企業の宣伝文句を見ると、大概こんな感じで始まる。それは、どの企業にとっても共通に必要で、かつ、企業のビジネスの動向によって利用量が大きく変わり柔軟に変更が可能なメモリーのようなものは、是非クラウドサービスを使った方が良い、ということだ。そうすることで、企業が自らの（オンプレミスの）設備で行う場合のように、設備能力が無駄になったり、逆にビジネスの拡張ペースに設備能力が追いつかなくなったりすることがない。実際に使った分だけを使用料として支払えば良い。さらには常にセキュリティ水準を向上するための投資を自らが繰り返す必要もなくなる。それらは、もちろんクラウドサービスの大きなメリットである。

しかし、ここでの文脈でむしろ重要なのは、その先である。アリババで言えば、ウェディングケーキの1段目に当たる巨大な計算処理基盤よりも、むしろ2段目が提供しているものが重要だ、ということだ。

それは何か。タオバオであれば、参加するプレイヤーに対して、例えばオンライン出店に必要なサポート機能、マーケティングやレコメンド、広告を効果的に実施する機能、さらには製品デザインや生産計画と実行を含めたサプライチェーンをコーディネートする機能を、提供している。各プレイヤーはそれをツールとして使いながら、自らのビジネスを組み立てている。その関係に着目して、アリババはツールを提供している自らを「面」、その面の上にビジネスを組み立てている側を「線」や「点」として表現しているわけである。

クラウドサービスが引き起こすことは、このビジネスを組み立てるツールが共有されるということが、一般化していくということだ。今後あらゆるビジネスは、データを活用しそれをソリューションに結びつけるようになる。その際、多数の顧客との接点や製造現場からデータを収集し、それをつなぎ合わせ、決まった場所に収納し、そこから取り出して解析に適したフォーマットにデータを転換し、そしてそれに具体的な解析を施すというような手順が、どこでも誰でも必要になる。

かつてはそうした手順の全体を各社自らが設計し、あるいは特定のベンダーに依頼して提供されていた。しかし、今後はそうならない。こうしたデータをソリューションに結びつけてビジネスを組み立てる手順が、各々のレイヤーに分化し、それぞれに複数のサービスプロバイダーがいて、その中から自分が必要なものを選択してビジネスを組み立てる、というかたちになっていく。

ＳａａＳ（ソフトウェア・アズ・ア・サービス）と呼ばれるのは、そのなかから出てきたサービス形態である。クラウドサービス利用者は、自らのシステム内にアプリケーションソフトを構築することなく、クラウド側のアプリケーションにアクセスして、それを利用するようになる。クラウドサービス提供者の側で、アプリケーションを利用するのに必要な物理基盤・ＯＳ・ミドルウェアを準備し、ＳａａＳ利用者はその環境を含めて利用することになる。提供者が環境をアップデートすれば、利用者側はそれも自動的に共有することになる。

もちろんそれで各社の独自のシステムが完全になくなるわけではなく、クラウドとの組み合わせになるだろう。しかし大事なポイントは、各社が独自のシステムをまず作り、その一部を共有化するという発想から、共通のレイヤー構造を提供する仕組みが産業、社会のなかにあって、それをベースに各社は取捨選択を考え、真に自分で手をかけて作る価値があるものだけを自前でつくる、という発想に変わっていく、ということだ。そして次章で紹介するように、場合によっては、自前で作ったものを他社に提供しそれ自体をビジネスとしていくこともあるだろう。

これこそが、デジタル化時代に必要な発想、つまり白地図がまずあって、そこに自らの存在を書き込むという発想である。そしてこのレイヤー構造ありきの発想こそが、事業部門タテ割り、会社タテ割り、業種タテ割りの発想から我々を解放し、ヨコ割りの行動に具体的かつ実践的に踏み出させるのである。

量よりも質でデジタル化を見る

本書の冒頭に「いま何か決定的な変化が起こりつつある」と書いた。その決定的なことは何か。この段階で言えば、世界の実課題とコンピュータの物理的基盤をつなぐエコシステムが急激に発達し、精巧になっているということである。そのエコシステムはレイヤー構造のかたちをしている。そしてそれが産業そのもののかたちとして共有されつつある。アンドリーセンが「ソフトウェアが世界を食い尽くす」と言ったのは、おそらくそのことを指している。

現在のデジタル化の発展の基礎にハードウェアの急速な進化があったことは疑いない。例えばムーアの法則に表せるような半導体の計算能力や、5Gのような通信能力の飛躍的な拡大である。また、生み出されるデータ量も指数関数的に増大した。しかし、現代の産業の大きな変化、本書でIXと呼んでいる変化を、ハードウェアの発達あるいはデータを含めた「量」の増加だけで説明するのは、正しくない。たかだか話の半分に過ぎない。同時に、世界の実課題とコンピュータの物理的基盤をつなぐエコシステムが進化し、精巧になったこと、つまりは「質」の変化が決定的に重要である。

人間の実課題とコンピュータの物理的基盤がどんどんつながり始めている。それは、単なるゼロイチの計算の速さ故、半導体の能力故、そしてデータの量故ではない。アルファ碁の事例で説明したように、囲碁の盤面のパターンと勝ち筋の探索を純粋な計算能力だけで突破しようとすれば、超天文学的なことになる。もともとアルゴリズムとは（ディープラーニングまで持ち出さずとも）、できるだけ早く計算結果に到達できる手順のことを指している。ミン・ゾンがアルゴリズムで動いていない会社はスマートビジネスでないというのは、言い換えれば、会社自体が計算結果（データから価値を生むソリューション）に早く到達できるかたちになっているか、を問うているのである。その「早く到達できるかたち」を、アリババのようにかなり内製化しているか、あるいはクラウドサービスを利用して外部のものを大幅に利用するかは別として、どちらにしてもそれを実現しているのはレイヤー構造をしたソフトウェア群である。

そして、このレイヤー構造をしたソフトウェア群は、データを処理すればするほど、使えば使うほど精巧になるという進化を指向する存在でもある。その進化を実現する方法には、人間自体が設計工夫した結果によるものもあれば、機械が自分でレイヤー間の結合関係を勝手に学習するディープラーニングのようなやり方もある。

ソフトウェア自体のあり方も変わる

現状においては、ディープラーニング技術ができることは限られている。したがって、ディープラーニングを用いていないソフトウェアと、ディープラーニングを用いたソフトウェアは併用・共存していて、それ全体が一つのエコシステムを形成している。同様に、現状においては、いきなりビジネスの実課題をディープラーニングを含めた機械学習で直接解くことはできない。そうすると、コンピュータプログラムに学習させるデータをどのように適切に選択・設計し、また、データで何を解かせるかというビジネス課題の設定についいては、人間が相当な下準備をしなければならない。それを行っているのが、データサイエンティストである。

しかし、時代が進むにつれて、人間が書くソフトウェア、データサイエンス、ディープラーニングの関係もおそらく変化していく。変化のスピードが速いので、IXの白地図を描くときには遠くを見る必要がある、と述べた。ここでもそれが必要だ。

先を見通せば、おそらく、ディープラーニング技術で直接処理できる範囲が次第に大きくなり、人間の作業を置き換えていくのだろう。そうなると、世界の実課題とコンピュータの物理的基盤をつなぐエコシステムの質はさらに進化する。現在は2段重ねのウェディングケーキの3段目になり、あるいはこれまでの層を上書きするのかもしれない。

例えば、最近注目されている技術にGPT－3という自然言語処理の技術がある。これを使うと、英語（今のところ日本語ではダメである）でいくつか注文したいポイントをインプットすれば、勝手に文章を書いてくれる。英国のガーディアン紙はGPT－3とそのもたらすインパクトについての論説を掲載したが、その論説自体も実はGPT－3を使って書いたものである。もちろん、人間とは異なり、機械は自分が書いている文章の「意味」を理解しているとは言えない。しかし、できる範囲であれば人間が書くものとももはや全く区別ができないし、人間の注文を受けてプログラムを書くこともできる。ＧＰＴ－３は、驚異だというのみならず脅威の域に達しつつあると評されたことも頷ける。明らかに機械学習がカバーできる領域は広がりつつあり、役割分担も刻々変わっていく。

ちなみに、ディープラーニング技術を使うと、データを大量に処理し学習しながら自分のソフトウェアの構造を勝手に改良してしまうことから、人間が設計してきたこれまでのソフトウェアと区別する意味で、ソフトウェア2.0と呼ぶこともある。ソフトウェア1.0からソフトウェア2.0への転換も次第に進んでいくと考えられる。

ビジネスモデルを何からイメージするか

さらに別の変化をもたらすのが仮想化と呼ばれる技術である。５Ｇネットワークの形成でも使われ始めた技術である。仮想化技術を使うと物理的な計算資源とそれを使って実現したい機能との関係を自由に変更することができる。例えば、かつてのモデルでは、一つの物理的なサーバーの上には一つのＯＳがあり、その上にアプリケーションが乗る構造であったが、仮想化技術を使えば、同じ物理的サーバーの上にウィンドウズとＬｉｎｕｘという異なるＯＳの機能を搭載することができる。また、物理的に分かれたサーバーなど別の機器の間で機能を横割りでシェアリングすることができる。要するにソフトウェアの側がもつヨコ割りのロジックが、物理のもつタテ割りのロジックを乗り越えてレイヤー構造を上書きできるようになったということになる。

半導体などのハードウェア側の計算・通信能力の急速な発達やデータ量の急増だけで、デジタル化がもたらす産業や社会の変化を説明するのは、たかだか話の半分だと言った。それはなぜか。変化の端緒としてハードの変化があったことは疑いがない。ハードの計算能力の急速な向上とデータ量の増大がなければ、5GもIoTもディープラーニングも実現することはなかった。

他方、その結果、本書でいうレイヤー構造ができて進化し、より精巧になった。そして、その精巧になったレイヤー構造でできたシステムが、ビジネスのあり方を変え、ビジネスそのものを置き換え始めている。IXという視点から見るとそれが決定的に重要なポイントだ。それが「会社がアルゴリズムで動く」という意味でもある。ビジネスモデル、と言われたときに、かつては業種や組織図からイメージしていたものが、ソフトウェアの仕組みからイメージした方が早道になる、ということでもある。

それが、IXをもたらしているものの少なくとも半分は、ソフトウェア側とそれがもつレイヤー構造で説明されるべきだ、ということである。

人間はデジタル化とどう関わるのか

鋭い読者は気付かれただろうが、ムーアの法則などハードの発達やデータを含めた量的な変化だけからデジタル化による今の社会の変化を説明しようとするのは、無理であり、「たかだか」話の半分しか説明していない、と言った。

本当は、話の半分「以下」しか説明していないと言いたかったからである。つまり、今起こっている産業や社会の変化の中で、ソフトウェアとそれが関係するレイヤー構造をもとに説明するべきことが、半分以上あるというのが私の考えである。では、半分以上の「以上」は何を指しているのか。

それは、このデジタル化の全面化や人工知能の発展が招く新しい社会に、人間がどう関わるのかということである。そして、そこにもまた別のレイヤー構造が現れる、と私は考えている。

エルブジの話に戻ろう。エルブジについて説明した時に飛ばした話がある。それはエルブジの予約システムの話である。エルブジは、年間延べ約８０００席しかキャパシティがないのに２００万件を超える注文があったことはすでに述べた。それをオンライン予約システムとマネージャの判断——新しいゲストかリピータか、スペイン国内からのゲストか外国からか、などのベストミックス——で処理していたらしい。

この話をもう少し一般化・抽象化してみよう。そうすると、エルブジという類稀な料理を生み出す一つのシステムに、人間がアクセスし利用するにはどうすれば良いのか、という問題設定になる。先程の予約システムは、ゲストがテーブルを確保するためにどうアクセスするかという話に限られるが、現代流に引き直せば、おそらくエルブジのメンタルパレットとレストランを含めた全体のシステムに、調理人はもちろん、食材をつくる生産者や仲買人も含めて、どうアクセスできるのか、という話になるはずだ。

そこには計算資源やデータ解析とは別のインフラが必要になる。つまり、サービスにアクセスするユーザーが誰であるかを認証し、ユーザーから提供される個人データを適切に保存・管理し、セキュリティが確保された環境で決済を行い、最終的にユーザーがサービスを利用するに至るプロセスのことである。我々がいま日常的に利用しているIDを使った認証であり、キャッシュレスの仕組みである。これらの機能も、まさに今述べた順ででてきたレイヤー構造のかたちになりつつある。広い意味でユーザーインターフェース（UI）に関わる仕組みだ。

もともと議論してきたレイヤー構造はなんだったか。それは、ゼロイチで表現できるコンピュータの基本的な機能、そこに読み込まれる大量のデータと人間の実課題とを埋めるためのものだ。どちらかといえば、エンジニアリング的な軸、つまりサービスを提供する側、サプライサイドに沿った軸である。しかしここで取り上げているのは、エンジニアリングも関係はするが、むしろユーザーである人間がデジタル化したビジネスや社会とどう関わるかという軸に沿ったものである。

デジタル化が生み出す多様なサービスに人々がアクセスしようとすると、そのインフラのかたちがレイヤー構造になるということは、社会のガバナンスや政府のあり方に大きなインプリケーションがある。詳しくは第8章で議論することになるが、典型的なピラミッド構造だった政府のかたち、あるいは政府と市民との関係を大きく変化させる可能性があるからだ。スマートビジネスの場合と同様に、政府もレイヤー構造のかたちで捉えることが適切になるだろう。そして、例えばマイナンバーは、市民が行政サービスにアクセスするときにその入り口にある一つのレイヤーになる。

人間は人工知能にどう課題を与えれば良いのか

上記では、デジタル化した社会で人がサービスにアクセスしようとすると、そこにもレイヤー構造ができるという話をした。しかし、この話を深めると、さらに大事なポイントに行きあたる。それは、「デジタル化したシステムに人間が望むことをどうやって指示するのか」という問題である。実はそこにもレイヤー構造が関係している。

デジタル化したシステムに人間が何かをさせたいのなら、その解かせたい課題を直接コンピュータに伝えられれば一番便利だ。このことと関係しているのが、前章の最後に取り上げたディープラーニングとアルファ碁の話である。もう一度おさらいをしよう。アルファ碁がやっていることは何か。それはありうる全ての打ち手や盤面を順番にチェックするということではない。それだと超天文学的な計算量になるからだ。そうではなくて、アルファ碁は「こうやると勝てるっぽい」というマクロ的・質的なパターンを学習し、実現している。

また、アルファ碁は、囲碁の盤面やそこに置かれた碁石の物理的な特性を分析しているのではない。この二つを合わせると、アルファ碁がやっているのは「囲碁というゲームに勝つという経験」を成り立たせる質的な要素を因数分解し、学習していることになる。

今風に言えば、囲碁の達人に「勝ちたい」素人のプレイヤーがいたとすると、そのユーザーの求める経験（ユーザーエクスペリエンス、UX）を質的に分解しているのだ。もちろんそれを「勝った」とは言わないだろうし、そういう経験を求める人もいないだろうが。しかしこれが仮にGPT－3が既にやっているような「書きたい／読ませたい社説」、さらには「いま食べたい料理」「受けたい医療サービス」「住みたい都市の生活」まで行き着くとするとどうだろうか。それが出来るのだとすると、それは「経験したいこと」の質的分解をコンピュータあるいは人工知能に理解させていることになる。

しかしそれが成り立つには、そもそも人間の経験自体がそうした質的な要素の組み合わせから成り立っていることが必要になる。エルブジの例で言えば、彼らがバルセロナのイノベーションセンターと海辺のレストランのレイヤーに分けた上で、イノベーションセンターで料理を食材とテクニックの組み合わせに分解したように、今度はゲストの求めるレストランでの経験の方を、質的な要素、パターンに分解することはできるのか、ということである。実は、そのことを100年以上前に論じ、かつレイヤー構造を見出した日本人がいる。夏目漱石である。

文学は人間の課題をどう分析しているのか――漱石の『文学論』

漱石に『文学論』という本がある。漱石が英国留学後に東京帝国大学で英文学を講義したうちの2年間の講義の記録である。岩波文庫の『文学論』に付された解説によれば、漱石のすべての著作のなかで読まれることの最も少ない本であり続けたというのだから、読者の方々がご存じなくても当然である。

それは漱石の英国留学時代に遡る。漱石は官費留学生として本来命じられた課題である「英語」をやや拡大解釈し、自らの関心の対象であった英文学の研究に取り組むのだが、研究の手法を見出せずに悩む。苦心の末にたどり着いた結論が、文学とは何かを自分で理論化しよう、ということであった。そして漱石は心理学や社会学の方法を学び、理論化し、それを帰国後東大で講義することになる。

彼のたどり着いた結論は、文学的内容には形式があり、それは（F＋f）というかたちだ、というものである。Fは認識の焦点（Focus）を、fは情緒的な要素（feeling）を指す。文学は、よりマクロな観念があって、それにさまざまな情緒が付随し、その全体の様を描写していると考えることができる、というのだ。そして、分類することが好きだったらしい漱石は、fの分類からはじめてFの分類に至るまで、具体的な英文学作品の該当箇所を引用しつつ、詳細に論じていく。当時聞かされた学生も閉口したというから、細かく読んでも率直に言って面白くはない。いくつかをあげれば、fはまず触覚、嗅覚、視覚などに分けられ、視覚はさらに輝き、色、形などに分けられる。それからよりマクロの情緒、例えば両性的本能とよばれる恋愛感情などに至る。そして認識の焦点である観念Fは、神のような超自然的な観念、自然から受ける畏怖の観念、あるいは人の行動に関する善悪の観念などに分けて論じられる。

その上で、漱石は科学的な方法と文学的な方法とは違うのだ、という。科学は要素還元主義であり何でもミクロの最小単位である元素に分解するものだ、というのが漱石の科学観である（当時の科学観としては間違っていないだろう）。これに対して、文学は、綜合を目的としていて、分析するにしても、人の性格や物の特長を列挙するのだ、と言っている。要はゼロイチのような物理的な単位ではなく、質的なパターンに着目し、それらをよりミクロな情緒のパターンとよりマクロな認識のパターンに結びつけながら組み立てるのが、文学の基本であり、人間の意識の構造だと言っている。さらに漱石は、形あるものの形を奪うのが科学であり、形なきものに形を賦すのが文学だともいう。

デジタル化が解こうとする人間の実課題、人間の望む経験は、漱石流に言えば「形の賦されたもの」のはずである。したがって、漱石が言っていることを本書の主張に置き直せば、人間の持つ実課題、人間の求める経験もまた、ミクロな情緒のパターンとマクロな認識のパターンからなるレイヤー構造をしているということになる。実際漱石が（F＋f）の図式として示すものは、時間の経過による変化を織り込んだ上で、それを示す多段階のレイヤー構造になっている。【図表4.2】）

岩波文庫の解説によると、東大で文学論を講義した2年間ののち、漱石は創作活動に没頭する。そして「倫敦塔」などの短編、誰もが知っている「吾輩は猫である」「坊ちゃん」「草枕」など、わずか数年のうちに多彩な内容、文章のスタイルからなる作品を次々にものにしていく。

漱石が『文学論』で行ったことは何か。それは、文学作品を読むことを通じて読者が得

図表 4.2　漱石（F＋f）の形式

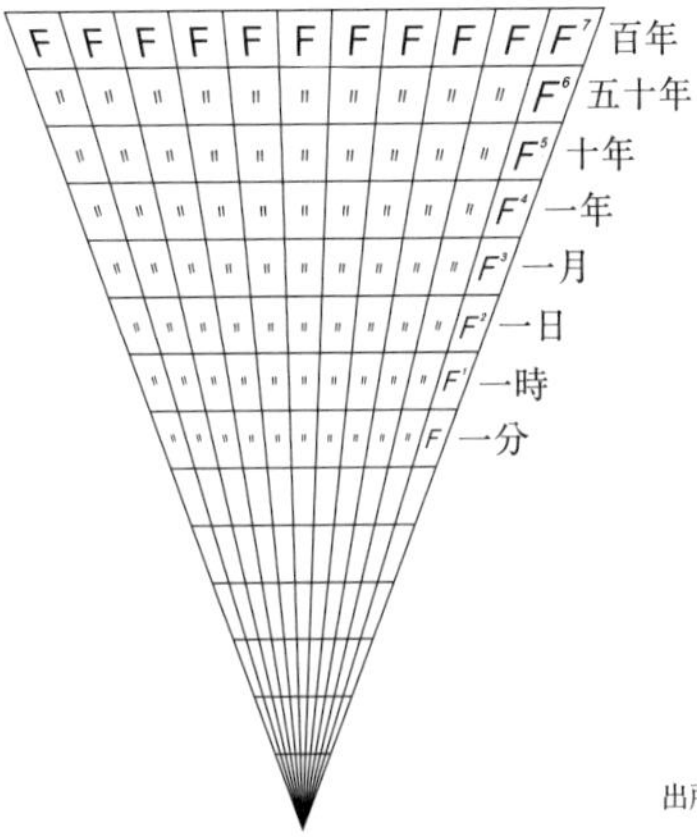

出所　夏目漱石『文学論』

る経験（UX）を質的な要素、パターンに分解したのである。そしてそのときに採用した手法は、経験を分解するか料理を分解するかという差はあるが、詳細な分類を追求した上で組み立てるという意味で、エルブジのレイヤー構造のシステムとそっくりである。そしてレイヤー構造の構築がイノベーションの爆発を招くという点もまた、エルブジとそっくりなのである。おそらく今デジタル化が引き起こしているビジネス、産業の決定的な変化とイノベーションの加速にも、これらと同じメカニズムが働いているはずである。

2軸のレイヤー構造

またもやずいぶん回り道をした。ここでわかることは何か。それは、デジ

図表 4.3　IX時代の白地図

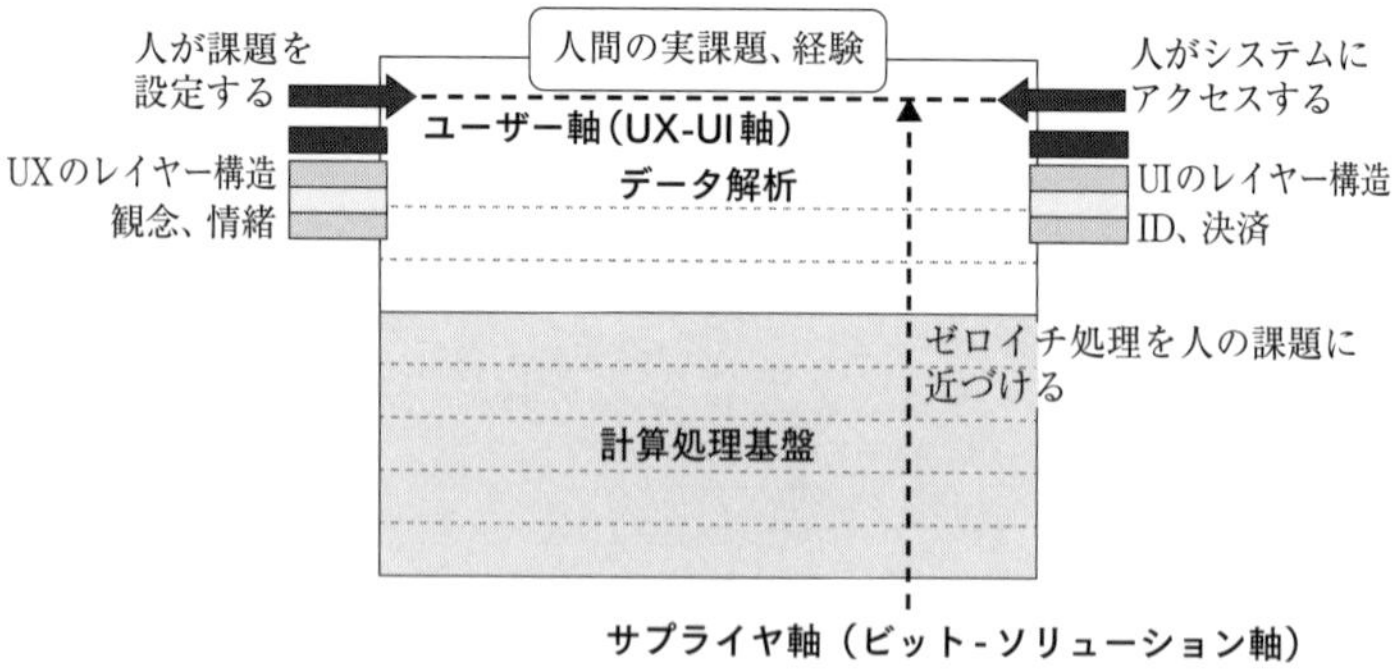

タル化には二つの軸があり、そのいずれもがレイヤー構造をしている、ということだ。一つはゼロイチで表現できるコンピュータの基本的な機能と人間の実課題とを埋めるためのもので、サービスを提供する側、サプライサイドから見た軸である。ゼロイチで表現するビットとソリューションとを結んだ軸といっても良いかもしれない。こちらのレイヤー構造は、物理層・OS・ミドルウェア・アプリケーションというレイヤー構造だといっても良いし、機械言語・アセンブリー言語・高級言語・自然言語というレイヤー構造だと言っても良い。

もう一つは、それに人がどう関わるのか、という軸である。ユーザー軸あるいはUI－UX軸といっても良いだろう。UIはデジタルシステムを利用するとき必要な、まさにインターフェースに現れるレイヤー構造だ。今一つは、デジタルなシステムに人間あるいは社会が解かせたい課題、提供させたい経験であるＵＸの方がもつ構造であり、それも漱石の分析を元にすれば、レイヤー構造をしている。

端的に言えば、この2軸からなるレイヤー構造がデジタル化の白地図だ。(【図表4.3】)

ではそのデジタル化の白地図を元に、あなたのビジネス、あなたの会社のＤＸに結びつけ、あなたの会社自体を書き込むにはどうしたら良いのか。それについて次章で論ずることとしたい。

第5章　本屋にない本を探す

第4章で書いた白地図を実際に描いてみると、ＧＡＦＡなどは何をしようとしているのか、その戦略が明白になる。それぞれが自分の得意なインフラのレイヤー構造の中で、新しいレイヤーを押さえにかかっている。アマゾンやマイクロソフトが競っているのが、計算資源のインフラであるクラウドサービスでのポジションの確立である。マイクロソフトのＣＥＯのサティア・ナデラは、マイクロソフトの失速を防いだ名経営者として名高いが、もともとマイクロソフトのビジネスの中心にあったウィンドウズからクラウドサービスへのビジネスドメインの転換は、これまでのように考えるとごく自然にも見える。もちろん完全な後知恵だが。

この計算資源のインフラにデータ解析のインフラを結びつけることができれば、そのポジションはより強くなる。マイクロソフトがGPT－3を開発したOpenAIから独占ライセンスを取得したとされるのもそうした動きなのであろう。他方グーグルは、人工知能の開発で先行することに賭けているように見える。グーグルはアルファ碁の開発をしたデミス・ハサビスのディープマインドを買収したほか、人工知能分野の人材を多く囲い込んでいる。グーグルはつまり、将来データ解析をしようとすると、誰もが利用しなければならない機能を提供する決定的なレイヤーを創出することを狙っているように見える。近年グーグルがデータの囲い込み自体には関心がないと表明しているのは、単なる世論の批判への対応だけではないだろう。データを囲い込むというやり方とは異なるレイヤーに新たな「勝ちパターン」を見出したと考えるのが自然である。

フェイスブックはSNSをビジネスの入り口としているため、本書でいうUI－UX軸のレイヤーを押さえるのが定石だということになる。そう考えると、成功はしていないがリブラ（あるいはディエム）と呼ばれるデジタル通貨にチャレンジするのは自然な流れである。アップルは同じインターフェースでも物理的なインターフェースをまず押さえて、そこに音声認識などの解析レイヤーを載せる（iPhone、Alexa）ことを狙う。ざっくりいうとこんな感じになる。

では、デジタルの時代、IXの時代は次から次にレイヤーを作るGAFAなどの支配する時代にしかならないのか。日本の産業など他のプレイヤーに機会はないのか。それを議論しようとするのが本章以降である。

DXで覇権を握ったネットフリックス

日本ではあまり使われないが、欧米のメディアではよくＦＡＡＮＧという表現が使われる。世界をリードするデジタルプラットフォーマーの頭文字をとったものである。ＧＡＦＡと同じ趣旨のもので、日本ではそちらが一般的だ。文字の並び順は異なるが、両者の差は一目瞭然で、「Ｎ」である。そしてその「Ｎ」とはもちろんネットフリックス（Ｎｅｔｆｌｉｘ）である。オンラインでのＤＶＤレンタル事業からはじめてオンラインストリーミングサービスに転進し、今では契約者数が世界全体で2億人近くに達するという。また、従業員一人当たりで見た収益などではＧＡＦＡを圧倒している。

そのネットフリックスをなぜここで取り上げるのか。それは、彼らが、ＧＡＦＡの描いたデジタル化の白地図――端的に言えばアマゾンのクラウドサービスであるＡＷＳ――に大きく依存しながらも、それをむしろ梃子《てこ》にして、ビジネス戦略を描き、成功を収めたと考えられるからである。また、ネットフリックスの躍進は、創業時のレンタルＤＶＤ郵送サービスというオンラインではあるがかなりアナログなビジネスを捨て去って、ストリーミングに移行するという、ＤＸを通じて実現されたものだ。そして、結果としてコンテンツ産業のかたちを大きく変えつつある。その意味において、彼らはＤＸを経由してＩＸを実現した企業であり、他の企業の参考になるところが多いと考える。

しかし、ネットフリックスが世間的に有名なのは、おそらく彼らのDXの経験ではないだろう。彼らがまず有名なのは、そのユニークな企業文化と人事政策である。創業者の一人で現在もCEOであるリード・ヘイスティングスは、２００９年に自社の組織文化について説明した、もともとは社内用のパワーポイントスライド集（１２０ページ以上ある）をネット上で公開し、話題になった。フェイスブックのCOOのシェリル・サンドバーグがそのスライド集について、これまでのシリコンバレー発の文書の中で最も重要なものだと評したことでも知られている。そこにはどんなことが書いてあるのか。

まず、ともかく最高に有能な社員だけを集める。そうでない「妥当」なレベルくらいのパフォーマンスの人には十分な割増退職金を支払って去ってもらう。また、社内ではランクを問わずお互いに徹底的に本音で話す風土を育てる。そして、社内の決まりやルールを大幅になくす、といったものである。昨年このテーマを扱った本で、ヘイスティングスも共著者に加わった『ノー・ルールズ・ルールズ』（「ルールがないのをルールにする」という意味）が出版され、邦訳（日本経済新聞出版刊）も出されたので、読まれた方もあるだろう。

また、最近ネットフリックスが有名なのは、いわば新コンテンツ帝国として、である。ネットフリックスは当初は５大スタジオなど他社の作品を配信していたが、２０１３年の「ハウス・オブ・カード」を皮切りにオリジナル作品に進出した。そして、ストリーミングサービスの急成長で得た潤沢なキャッシュを活かして、ディズニーなどの５大スタジオや、さらにはアマゾン、アップルなど、競合する他社と比べてまさに桁違いの額のコンテンツ製作予算を投じて、次々に新作を発表している。近年ではアカデミー賞に輝く作品も増えている。

異形の人事がなぜ可能なのか

それにしても、ネットフリックスの企業文化の方も、コンテンツに投じる額と同じくらい桁外れで、ある種異形とすら言える。ネットフリックス社内では、社全体あるいは各部門のことをよくプロスポーツのチームに喩えるらしい。そして人材市場からスタープレイヤーだけを採用し、その人の市場価値を上回るくらいの給与を支払う。かつ、そういうクラスの人には業績連動給のような子供騙しは通用しないという考え方のもとに、最初から全額を支払い、仕事に集中してもらうのだという。

その代わりに、徹底した「自助」が求められる。ネットフリックスのモットーでいうと、「F&R」、つまり自由（Freedom）と責任（Responsibility）だ、ということになる。そして、休暇の取得、経費の支出から始まって、次々に上司の事前承認・決裁を不要にした。また、どんな職位の人でも、例えばCEOのヘイスティングスに対して、彼のプレゼンや社内会議での振る舞いに改善すべき点があると思えば、それをフィードバックとして指摘することが歓迎・奨励されるのだという（もちろんそれを採用するかどうかは、言われた側の判断である）。ハーバード・ビジネススクールの教授も、ネットフリックスの幹部でいるためにはよほど人間ができていないと務まらないと評したらしい。同様に、米国の他の企業人から見ても、「あんなことはネットフリックスだからできるのであって、うちではできないし、合わない」という人も多いらしい。

　そんな、メジャーリーグか、プロバスケットボールのチームに喩えられるような話が、日本の企業のトランスフォーメーションに役立つのか。

　筆者は、役立つ、と考えている。それはこういうことだ。本書でも議論したとおり、デジタル・トランスフォーメーションを実現するためには、多くの日本企業の企業風土を抜本的に変える必要がある。そのことに異論のある人はほとんどいないはずだ。また、目指すべき方向として、タテ割りを打破し、サイロ文化をやめ、朝から晩までコンプライアンスチェックと稟議書の作成と承認という仕事の仕方を卒業し、延々とつづくが結論のない会議をまずやめるべきだ、ということにもおそらく、違和感はないだろう。そういうことを正すことこそデジタル・トランスフォーメーションの要諦だと論ずる本も多い。

　しかし、本当の問いはその後に来る。つまり、それらを変えるべきだとして、それなしにどのように会社というものが成り立つのか、ということである。それを我々はなかなかイメージできないでいる。本書の冒頭で、タテ割り打破を叫んでもヨコ割りのロジックが分からなければ迷走するだけだ、と述べたことと同じ問題意識である。その点において、ネットフリックスが取り組んできたことには、これまでの日本企業にはないロジックを理解しイメージする上でのヒントがある、と筆者は考えている。そしてそのヒントは、前章で紹介した白地図と、そしてレイヤー構造と、関係している。

ネットフリックスのDXを分析する

巨大消費財メーカーであるP&G（プロクター・アンド・ギャンブル）のDXを成功に導いたとされるトニー・サルダーナによるDXノウハウ本がある。邦訳はないようだが、直訳すれば「なぜDXは失敗するのか」というタイトルである。同書は、DXを成功に導くプロセスを五つの段階に分けた上で、各段階で守るべき原則を示している。そして、その原則を頭に叩き込んでしっかり実施することがDXを成功に導くのだと論じている。本書のアプローチとは異なるため、その全体には立ち入らないが、参考になる箇所がある。

それは企業がDXを仕掛けるには、その威力を最大化できるポイントがある、と論じた箇所である。そこでネットフリックスの例が取り上げられている。サルダーナは、ネットフリックスがそれまでの産業構造をひっくり返すことに成功したのには三つの要因がある、という。第一は、早い時期に、元々のビジネスモデルとは異なるストリーミングの可能性に着目し、転換に成功したことである。第二は、上記に示したような特異な組織風土をフル活用したこと。そして第三は、ネットフリックスが、ビジネスの急拡大に耐えられるようなデジタルテクノロジーのモデルを採用したこと、である。

筆者の考えでは、この三つ、特に後の二つは相互に深く関係している。ネットフリックスがデジタル技術をフルに活用するために取り組んだことが、彼らの極めてユニークな組織風土とセットになっている、ということである。その点をよく分析すると、ＤＸとＩＸに挑戦する日本企業にもヒントになることが見えてくる。

なぜ日米を問わずどの企業でも行われているような、部下が上司の承認をとる、ということをなしで済ませることができるのか。それでもなぜネットフリックスは社として一体となってある方向に向けて邁進し、高収益を叩き出すことができるのか。その問いに対して、ヘイスティングスは『ノー・ルールズ・ルールズ』のなかでこう答えている。それは、リーダーや上司がきちんとコンテクストを説明し、それが組織に浸透していれば、いちいち上司が個別に承認する必要などないのだ、ということである。コンテクストとは多義的な言葉だが、判断に当たっての基本的な考え方や、会社が当面している事業環境などを包括的に指しているようだ。そしてこの、「規律やコントロールではなくて、コンテクストによって会社を引っ張る」というのが、一つのキーフレーズになっている。

ただし、こうしたコンテクストによる経営が成り立つにはいくつかの前提がある、とヘイスティングスは述べている。一つは、その組織がネットフリックスのように、有能な人材だけで構成されていることである。第二は、組織の目的である。その組織が安全の確保のようにミスを起こさないことを最大の目的とするのであれば、むしろ規律とコントロールによる経営を志向すべきだ、と彼は述べる。他方、その組織がイノベーションを目的としているのであれば、コンテクストによる経営であるべきだという。この点は、両利きの経営にいう探索と深化とも関係するので、改めて議論することとする。いずれにしても、あなたの会社がイノベーションを目指すのであれば、第一の条件をどうクリアするかはいずれ考えなければならないとして、まずは「コンテクストによる経営」を考えるべきだ、ということになる。

そして、ヘイスティングスは第三の前提をあげる。それがここでの我々の議論と深く関係する。その前提とは、会社内の部門どうしの関係が緩やかでなければならない、ということである。もし社内の部門どうしが深くつながってしまっている場合、何か問題が発生し、あるいは判断が必要となると、常に複数の部門が関わることになる。すると結局それらの部門を統括する上司の判断を仰がないと、個々の部門では物事が決められない、ということになる。それでは「コンテクストによる経営」ではなく「コントロールによる経営」になってしまう。従って、仮にイノベーションを志向しかつ粒揃いの人材で成り立つ会社であったとしても、組織の作り方を変えなければ「コンテクストによる経営」はできない、というのだ。

これ自体は正しい。しかし、我々の問いからすると、この議論は堂々巡りになっている。イノベーションを志向する日本企業は、管理主義的ではない自主的な企業風土を作りたい。会議だらけ、稟議と承認だらけの会社を変えたい。と同時に、社内の事業部門のタテ割りの構造を変えて、なおかつ、一つの方向、全体最適を目指す組織、まさにコンテクストを共有できる組織にしたい。しかし、それには、それぞれのチームが自由に動くことができる緩やかな組織を作ることが前提なのだ、と言われると、議論は振り出しに戻ってしまう。

では、どう考えれば良いのか。

なぜ上司の承認・決裁がなくても会社は回るのか

『ノー・ルールズ・ルールズ』では（おそらくは技術的にすぎるという理由で）明示されていないが、ネットフリックスにはメンバーで共有されていた明確なコンテクストがある。それはまさに彼らの実施したＤＸに関わることである。結論的にいうと、システムを全面的にクラウドに移行し、その後マイクロサービスと呼ばれるようになったソフトウェアの開発手法を自ら作り上げたということである。またオープンソースを活用したことも加えて良いだろう。

ネットフリックスは、短期間でサービスを急速に拡大しグローバルに展開する術を徹底的に追求した。競合を打ち負かすためである。そのために実行したことが、アマゾンの提供するクラウドサービスを大々的に使うこと、そしてソフトウェアの開発をマイクロサービスと呼ばれる手法で行う、ということであった。ちなみに、ネットフリックスは確かにユニークな組織風土を創造しビジネス的に成功したという意味でブランドとなったが、デジタルテクノロジーの世界においても技術者にとって一つのブランドになっているようだ。

そして、このブレークスルーに関わった技術者が、ネットフリックスで起こったことを説明するのによく言及することがある。それはコンウェイの法則と呼ばれるものである。その法則自体は、コンピュータ科学者だったメルヴィン・コンウェイが１９６０年代に提唱したものらしい。簡単に言えば、システムを設計しようとすると、そのシステムの構造はその設計をしている組織のコミュニケーションの構造とそっくりになる、というものである。タテ割り組織がシステムを作ると、タテ割りのシステムが出来てしまってレガシーになるということである。

しかし、ネットフリックスのDXに関わった技術者たちが語るのは、「逆コンウェイの法則」である。つまり、システムの構造（アーキテクチャと呼ばれることが多い）がむしろ組織の構造を規定するようになっている、ということだ。これはまさに、ミン・ゾンが企業はアルゴリズムのようになる、と言っているのと同じことを語っているはずであり、経営を考えるのにはシステムの方向にも歩かなければならない、という本書の話と同じはずだ。

実はヘイスティングス自身も「コンテクストによる経営」の三つ目の前提を説明する際に、「疎結合」と「密結合」という言葉を使っている。いずれもシステム設計で使われる用語だ。ヘイスティングスはもともとコンピュータサイエンスの修士号を持ち、ネットフリックスの前に起業した会社もソフトウェアの会社である。また、彼は人間行動を数値化することに多大な興味をもち、ネットフリックスでもアルゴリズムを自分で相当いじったらしい。密結合とは、システムの部分と部分とが深く関わり合っている場合のことを指し、疎結合とは逆に部分部分の独立性が高い場合である。

従って、ヘイスティングスの話と、逆コンウェイの法則を合わせると、次のようなことを意味していることになる。それは、会社のもつシステム構成が疎結合であり、なおかつその部分部分が自動的に相互調整されて全体として価値を生むという域にまで到達すれば、そのシステムを扱う組織の側も、部門が各々独立性を持ちながらもコンテクストを共有し、いちいち上司がコントロールしたり承認したりする必要はなくなる、ということだ。

クラウドを使い倒し、足りないものはマイクロサービスで開発

もう少し具体的に説明しよう。

ネットフリックスが目指したことは何か。始まりは、ストリーミングサービスを競合の誰よりも早く広くグローバルに展開しよう、ということであった。そのためには、自力で全てやっていたのでは間に合わないので、他力本願に舵をきった。その一つがクラウドサービスの徹底的な活用である。元々はネットフリックスも自前のデータセンターを持っていたが、２００８年にクラウドサービスへの全面的な移行を決め、数年がかりで実現した。一時期はＡＷＳのかなりの部分のトラフィックをネットフリックスが占めたこともあるようだ。そしてデータベースなど使える既存の外部ツールを徹底的に使い倒した。

同時に、ネットフリックスが自前の開発にこだわったポイントがある。それは顧客の視聴経験の最適化である。そこに自前の技術開発の照準を合わせた。まさにＵＸを質的な要素に分解し、それをソフトウェアを使って最適化しようとしたのである。

まず、あらゆる種類のデバイスで最適な経験ができるように、それぞれの特性に合わせてフォーマットする。コンテンツはテレビ用の大画面で見るものだという固定観念を捨て

たのである。一時は自前のデバイスを開発提供するという案もあったようだが、その方針をとりやめ、あらゆる種類のデバイス毎に最も適合的な視聴経験ができるように工夫することに賭けた。また、世界中に現在では2億人近くの契約者がいるわけだが、その視聴者がいついかなる時にどのコンテンツを選択しても、プレイボタンを押してからデバイス上でストリーミングが始まるまでの時間を徹底的に短縮した。つまりネットワーク機能の最適化である。また、視聴可能な作品の数が膨大になればなるほど、個別の顧客に対して、どの作品をどのサムネイル（画像を縮小して掲示用に使うもの）を使って優先的に表示するのかが大きな差別化要因になる。従って、データを解析してその見せ方の最適化を実現した。

マイクロサービスとは分かれていてもシンクロすることだ

そうした機能を実現するためのツールは、既存のアプリケーションにはない。そこで、それらのツールは徹底的に自社開発した。かつ、そのアプリケーションの開発に当たって、開発アプローチそのものを刷新した。それがまさに疎結合につながるアプローチだった。

それまでのアプリケーションはモノリシックと言われ、一から十までを一つのまとまったソフトウェアとしてプログラムされていた。もちろんそれにはメリットもある。一筆書きなので、全体を俯瞰しやすく、初めて作るにはその方が作りやすい。しかし、このやり方では、部分部分を可能なところから常に改良し、かつ、改良版を即テストしてグローバルに展開することができない。ネットフリックスが最もこだわったグローバルな契約者の視聴体験の継続的な最適化が実現できないことになる。

そうしてできたソフトウェア開発のアプローチがマイクロサービスである。そうした考え方はネットフリックス以前にもあったようだし、マイクロサービスという名前も彼らが命名したものではないらしい。しかし、ネットフリックスはマイクロサービスのパイオニアとして知られるに至る。

マイクロサービスとは何か。それがまさに疎結合を実現しているテクノロジーである。つまり、モノリシックで大きな塊だったアプリケーションを、独立した小さな塊（狭義のマイクロサービス）に分けた。そのままだとバラバラになるので、そこにもう一つのレイヤーを作った。そのレイヤーには小さな塊の間を統合する機能がある。また、各々のマイクロサービスは、ネットフリックスの膨大なデータベースとつながっていて、それを共同で利用する。さらに、個々のマイクロサービスと、外部にある既存のアプリケーションとも連携が可能である。

つまり、マイクロサービスは、アプリケーションの大きな塊を小さな塊に分けた上で、それらの間、それらとデータベースとの間、さらには社外のアプリケーションとの間の連携を、自動化したわけだ。

その結果、個々の狭い範囲の機能を担うマイクロサービスの開発、改良、実装、展開を、他とは独立して行うことが可能になり、かつそれは全体として常に統合されて一つのサービスになり、視聴経験を最適化する。

クラウドを使い倒し、実現したい視聴体験を要素分解した上で、レディメイドのものでは足りない場合については、マイクロサービスで開発する。そのコンテクストがあればこそ、ネットフリックスのチームは、別々に活動していても、一つの方向を目指すことが可能になった。システムのアーキテクチャが組織風土を規定しているのだ。まさに逆コンウェイの法則である。ネットフリックスの特異とも言える自由な組織風土を支えているのは、そうした彼らのDXのアプローチにあった。かつ、そのことは以下のように一般化することができる。

転換点を超えると景色が変わる

英語を外国語として勉強した人なら、こういう経験をした人もいるはずだ。すなわち、突然英語を喋っている自分に気づく、という経験だ。英語のような語学は、少しずつ勉強し、単語を覚えてみても、その分だけ着実に話せるようにはならない。なぜならば、中学一年生で習う単語の範囲でかつ現在形だけを駆使して話す場面など、日常のどこにもないからだ（語学教室などで無理やり演出すれば別である）。では、英文学を極めなければ英語は話せないのか。勿論そんなことはない。その間のどこかに日常的な英語なら話せるために十分になる水準があって、それを身につけた瞬間にあなたは話せるようになっている自分に気づくのである。同じようなことはスポーツや楽器、あるいはプログラミングの上達でもあるだろう。

そしてその転換点の後には何が起こるか。一旦話せるようになると、当たり前だが、よく話すようになる。そして、誰かとの会話自体を通じて、新しい、多彩な表現とスマートな受け答えを学んでいく。そして、どんどん上達し、そのうちに「〇〇さん、英語お上手ですね」と言われるまでになる。英語の勉強を始めた頃の全く成果の出ない自分には想像もできなかったような事態だ。

ネットフリックスが実現したことは、デジタル化の現在位置が、この「突然英語で話すことができる」段階に至ったことを意味する。本書でこれまで使ってきた表現で言えば、レイヤーが積み重なって、十分な水位に達した、ということであり、ゼロイチの物理的計算基盤とビッグデータを加えたものが人間の実課題とつながった、ということだ。

ビジネスに近づけて、もう少し具体的に言うと、あなたのやりたいビジネスの全体を、ソフトウェアでコントロールできるようになった、ということだ。

ネットフリックスの例では、（オリジナルコンテンツへの進出以前について言えば）コンテンツと顧客が視聴する経験を結びつけるのがビジネスの全体だ。ＤＶＤを郵送するサービスをやっていた時点では、コンテンツと視聴経験の間にあるプロセスのなかで、ソフトウェアでコントロールされていたのはごく一部だ。また、その時点では、ネットフリックスは顧客の視聴経験そのものを直接改善することはできなかった。

ところが、クラウドサービスなどを通じてレイヤーが十分積み重なると、コンテンツの

図表 5.1　ビジネス全体をソフトウェアがカバーする：ネットフリックスの場合

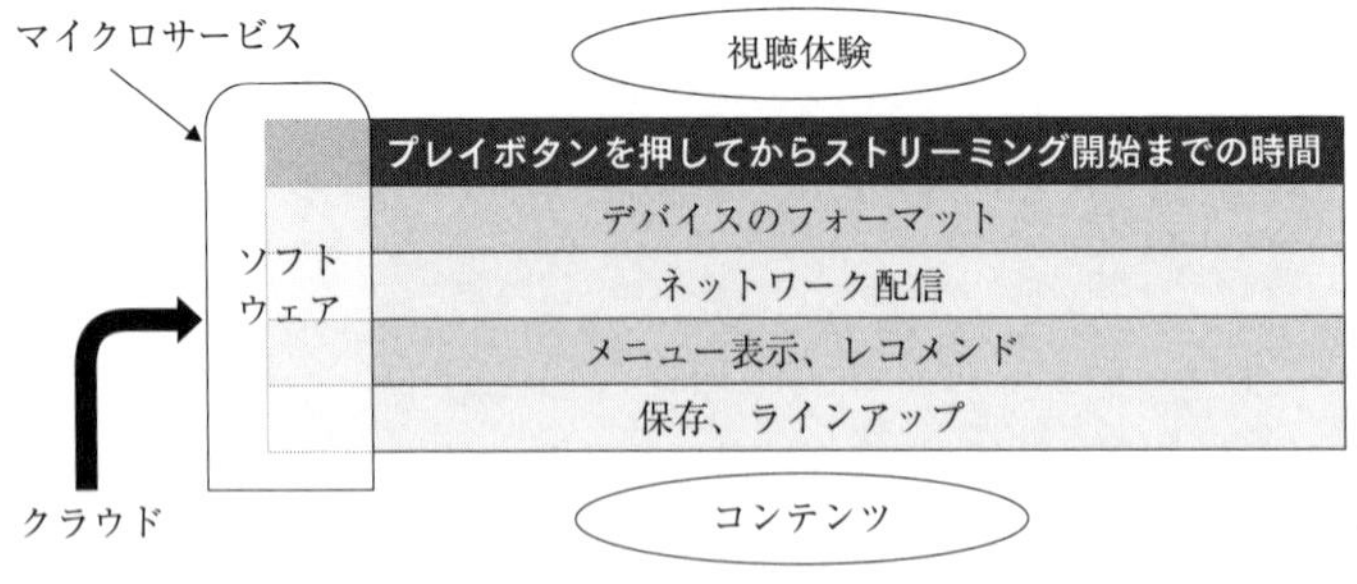

大量保存も、レコメンドを含めたメニュー表示の最適化も、全世界へのネットワーク配信も、ソフトウェアで制御できるようになった。さらに、あらゆる種類のデバイスで最適な経験ができるようにフォーマットすることで、顧客の視聴経験を、ソフトウェアで制御できるようになった。その上で、マイクロサービスを使って機能を改善すれば、機能の一部ずつであってもできたものから、全世界で一挙にアップデートすることができる。入口のコンテンツと出口の顧客の経験の質との間を、ソフトウェアで隙間なく埋めたような感じになる（【図表5.1】）。それが突然英語を喋っていることに気づく私に当たる事態だ。

物事が勝手に結びつき始める

デジタル化の歴史とは、共通にできることを繰り返し括り出して新しいレイヤーを積み重ねていくことであり、軌道計算などの部分的な問題から人間の実課題のソリューションに近づく歴史のことだと述べた。エイダ・ラブレスが19世紀の初めに予見したことである。今起こっていることはまさにその具現化にほかならない。もちろん、人間の求めるさまざまな経験のうち、ソフトウェアが直接制御し実現していることは、まだごく一部だ。また、その全てをソフトウェアで制御することも将来にわたってないだろう。しかし、英語を突然喋っている自分に気づくという経験がそうであるように、一旦物事がある水位に達すると、次々にドミノ倒し的に波及が起き始める。デジタル化の現在地はここだ、ということになる。

同じことをこういう風にも表現できる。マイクロサービスという仕組みを発明・設計したのは人間であるし、個々のマイクロサービスを進化させているのも人間のチームである。しかし、いったんこの仕組みが出来上がってしまえば、マイクロサービス全体としては、いわば一つの生命体のようになり、全体最適化が自動的かつ継続的に図られる、ということだ。それによって、これまでの会社であれば人が行ってきた調整やコントロールを省略することが可能になる。実際ネットフリックスの技術者は、自分たちがマイクロサービスやクラウドなどを使って実現していることを、神経系統としてイメージして説明している。

その転換点の前後で何が変わるのか。それがコンウェイの法則が逆転し、組織がシステムのアーキテクチャを規定する状態から、システムアーキテクチャが組織を規定し、そのコンテクストになる、ということである。タテ割りのロジックがヨコ割りのロジックに転換する瞬間だと言っても良い。

ＩＸの道は経営とシステムとの間を双方向に踏破することだ、と言ったが、その道が、まるで突然英語を話すことができるようになったような感じで、双方向に「つながった」のが、現代であり、それがデジタル化の現在地だ。人工知能で言われるシンギュラリティとは異なるが、大きな位相の転換点であり、特異点である。

本屋にない本を探す

デジタル化が転換点を過ぎた現在、経営者のあなたは自社のＤＸをどうイメージするべきなのか。ここまでの話を踏まえて、白地図に自社のポジションを書き込むというイメージをもう少し具体化すると、「本屋の本棚の前に立ってみて、そこにない本を探すことをイメージしよう」、ということになる。

つまり、自分の会社のＤＸを考えるときに、ＩＴ部門の人間を呼んで自社の持っているシステム構成や自社が保有しているデータについて質問するのではなく、むしろ先に、外部環境の方を棚卸ししてみよう、ということだ。先ほどデジタル化の転換点を説明するのに「レイヤーが積み重なって、ビジネスの全体をソフトウェアでコントロールできるようになった」と表現した。ここではその先の話をしている。つまり、そのソフトウェアやデータセットの多くがプロダクト、サービスになっているということだ。あなたのビジネスを組み立てるために埋めなければならない本棚があるとすれば、自分で文書を作り書類ファイルを作成せずとも、本屋に行って本を買えば、かなりを埋めることが出来るようになった、ということだ。

そうなると、自分であれこれ考えるよりも、本屋に並んでいる本を見て外部環境を棚卸しした方が良い。直接の動機は別として、ネットフリックスが実行したのはそういうことだ。そして、そのやり方の方が早道で、誤りが少ないはずである。なぜそうなのか。

第一に、それは、世界をベンチマークすることになるからである。デジタル化が進む世界では、業種の垣根に関係なく、多様な企業がデジタルの力を使って新分野に参入する。あなたがこれまで競合だと思っていた企業が明日のあなたの競合だとは限らない。しかし、今までは他の業種だと思っていたプレイヤーを含めて共通に注目しているところがあるとしたら、このデジタル化の本棚のはずである。その同じ場所を見ることによって、自然にベンチマークができる。と同時に、それによって少し先の未来に起きそうなトレンドを見ることにもなるので、変化に強くなる。

第二は、本屋の本棚をみることによって、自社が真に集中すべきポイントが明らかになる。ない本が何かがわかるからだ。ネットフリックスの場合、それが視聴経験を最適化するためのマイクロサービス開発とデータ解析であった。「選択と集中」と言えば、これまでは業種的な考え方を前提とした事業の取捨選択であった。しかし、デジタル全面化時代の選択と集中とは、おそらくここでいうように、デジタル化の本棚を見渡した上で、既にあるものは他社に頼り、そこにはない本を探して、その実現に資源を集中することになるはずだ。

第三に、こうしたプロセスをへて本棚にない本を見つけて開発をすると、それ自体が実は他社に売れるプロダクトになる、ということだ。ネットフリックスのサービスは何かと問われれば、コンテンツのストリーミングサービスだというのが誰しもの答えだろう。しかし同時に、それを最適化するためのツールを開発してしまえば、それをプラットフォームとして他社に提供することも可能になる。つまり自分の書いたものを本として本屋におけばよいのである。それをするかしないかは、個々の企業の選択の問題だ。

新聞社は何を売る会社か

実はそのような実例がサルダーナの本で紹介されている。その実例の担い手はワシントンポスト。世界的に知られた新聞社である。同紙記者のボブ・ウッドワードとカール・バーンスタインがウォーターゲート事件を調査し、ニクソン大統領を辞任に追い込んだことでも有名だ。そうした過去の栄光はあったものの、近年は他の多くの新聞社と同様に売り上げの減少に悩まされ、経営危機に陥った。そして2013年にアマゾンの創業者のジェフ・ベゾスが2・5億ドルで買収することになる。

その後ベゾスの経営のもとでワシントンポストは何をしたか。それがDXへの邁進と、テクノロジーに大胆に投資することである。具体的には、潜在的な購読者がSNSを通じてワシントンポストの提供する多様なサンプルコンテンツを経験購読し、次第に高付加価値のサービスの購読へと誘われるように仕組み化した。その過程で生まれたのが、ワシントンポストという媒体を電子的に購読する経験を最適化するためのデジタルツールの開発である。ネットフリックスの取り組みの新聞版だと考えて良いだろう。新聞と言っても紙媒体ではなく電子配信だから、文字と画像、動画のコンビネーションとして配信される。また、コンテンツは新聞、雑誌、ウェブサイト、アプリといったさまざまなチャネルで提供される。その全体の利用経験を最適化するためのソフトウェア開発にチャレンジしたのである。

そして生まれたのが「アーク・パブリッシング」と呼ばれる編集ツールなのだが、それをプラットフォームとして、他の新聞社等にも提供している。また、この編集ツールは、ネットフリックスと同様にマイクロサービスの組み合わせで提供されているために、内容の更新と展開が常時可能で、導入する各新聞社等のニーズに合わせてカスタマイズすることもできる。ワシントンポストはそのプラットフォームの提供から1億ドルの収入を得ることを目指しているらしい。

ここで起きていることは何か。それは、ワシントンポストのビジネスは、昔風に言えば、新聞の編集・発行・配達だということになる。同社はベゾスが買収した後ジャーナリストの採用も増やしたので、メディアとしての役割を放棄したわけではない。しかし、新聞社というビジネスをDXすると、その結果達成されるのは、新聞が電子化するということ（だけ）ではなく、DXを実現するツールが出来上がることでもある。そしてそれがプラットフォームになって、場合によると本来のビジネス以上に競争力のあるサービスになるかもしれない、ということだ。経営者が「本屋の本棚の前に立ってそこにない本を探す」

ことが必要なのはそのためでもある。

ウォードリー・マップ

以上説明した本棚のストーリーを図にしてみよう。実はそれに参考になる図を書いた人がいる。サイモン・ウォードリーという人で、彼の書いたウォードリー・マップというのがその図である。英国政府も参考にしたことがあるらしい。

彼はもともと何をしようとしてこのマップを開発したのか。それは個社のシステム構成をマップにするということである。システム構成は通常ボックスとラインで表示される。ネットワークの表現と同じだ。しかしそこには方向がない。つまりシステム構成図では、右に書いたボックスを左に移し、あるいは上下を逆転させても実質的な意味が変わらない。北海道と九州とを入れ替えると意味が変わる日本地図とは違う。彼は自分の経営していた会社の失敗の経験などを通じて、デジタル化に関して経営判断をサポートできるような、方向感のある文字通りの「地図」を描きたいと思ったらしい。本書と発想が似ている。しかし似ているのはそれだけではない。

彼の図は二つの軸からなる。縦軸は「可視化軸」と呼ばれる。顧客から見て「見える」か「見えない」かの軸だ。ネットフリックスならばコンテンツ自体やデバイスは顧客から「見える」。しかし、クラウド上で提供されるメモリーは「見えない」。そのことを指している。横軸は何か。それはデジタル技術の開発発展段階である。左が構想開発の段階にある技術で、右は製品化される段階、さらにはコモディティ（ユーティリティ）になっている段階にあるものを指す。時間が経過すれば、左にあったものが右に移っていく。

ウォードリー・マップの特徴は、本書の本棚の喩えとよく似ている（実際に図示しないとわかりにくいと思うので、ウォードリーが20年近く前に経営していたオンライン写真サービスのビジネスをサンプルとしてこのマップに落とし込んだものを、【図表5.2】として掲げる。ウォードリーは、こうしたマップが当時あれば、例えば、ここでいうプラットフォーム機能がより右に移動してクラウドサービスになることを予見し、それを元にした事業展開があったのかもしれない、と考えているようだ）。

ウォードリーの縦軸は、実質的には本書でいうデジタル化の基本的なレイヤー構造と同じである。なぜならば、ウォードリーは、顧客から見えるかどうかを「可視的か否か」の判断に使っているからだ。したがって、顧客の求める実課題に近いものが「上」、遠いものを「下」だと考えて縦軸を設定していることになる。ゼロイチの物理層に近いのが「下」で、実課題のソリューションが「上」だと言っている本書のレイヤー構造の順序と同じである。

横軸でウォードリーが言おうとしているのは、左から右への移動が必ず起きる、ということだ。ある時期には開発され新しかったもの、カスタマイズしなければ利用できなかったものが、必ずいずれプロダクトになって、誰でも入手利用可能になる。それを見誤ると

図表 5.2　ウォードリー・マップの例(オンライン写真サービス)

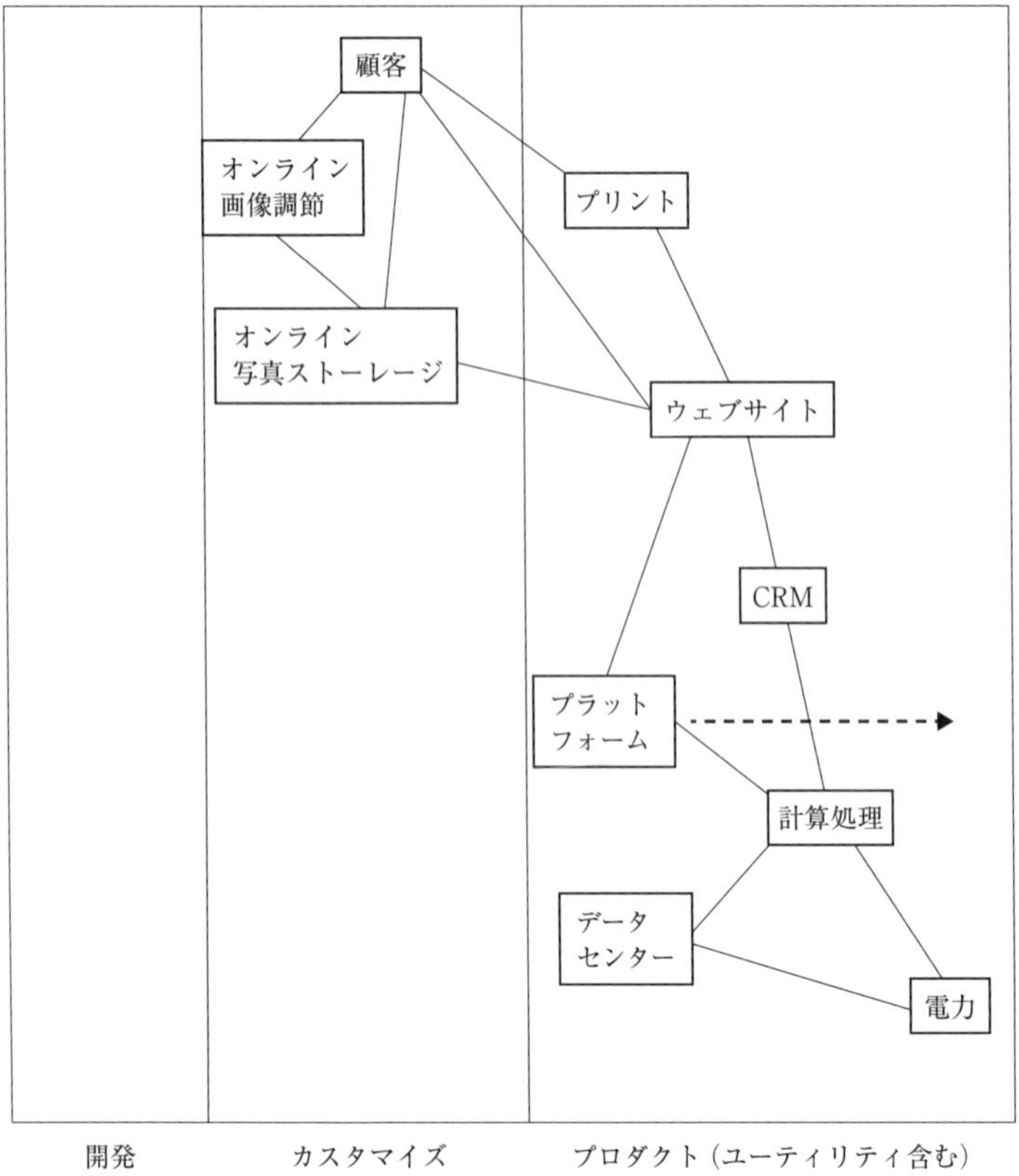

出所　Simon Wardley "Wardley Maps"の図表から筆者加工

競争に敗れる、ということだ。そしてその典型的なケースとして、ネットフリックスに敗れたブロックバスター社の例をあげる。ブロックバスターは、ネットフリックスよりも先にストリーミングサービスに注目していたにもかかわらず、ユーティリティ化したクラウドサービスの使い倒しなど、右への移動で遅れをとった。その例を通じてウォードリーは、プロダクトになっているものをいちいちカスタマイズするのは愚かだという主張をしている。「本屋にあるものはそこで買え」と言っているわけだ。

経営者がDXで行うべきこと

「本屋の本棚にある本」という言葉で喩えているのは、デジタル的な機能の多くが、プロダクトあるいはユーティリティとして提供されている状態を指している（本書では簡便化のためにこれらを合わせて「プロダクト」と呼ぶ）。従ってウォードリー・マップでは右にくる。ウォードリー・マップ全体が本書でいうゼロイチの物理層と人間の実課題をつなぐレイヤー構造で、右の棚だけを取り出せば、本屋の本棚になる。そういうことだ。デジタル化が転換点を迎えたと筆者がいうのは、その「本棚」の部分だけを見たときに、以前はスカスカであったものが、上から下までかなり埋まるようになったという、状態の変化を指している。それを示したのが【図表5.3】だ。

従って、まずは右側にあるものの組み合わせ（本棚にある本）だけで、自らのビジネスができないのかを考え、探しても見つからないが、あなたのビジネス上必要なものは、開

図表 5.3　ウォードリー・マップに本棚を書き込む

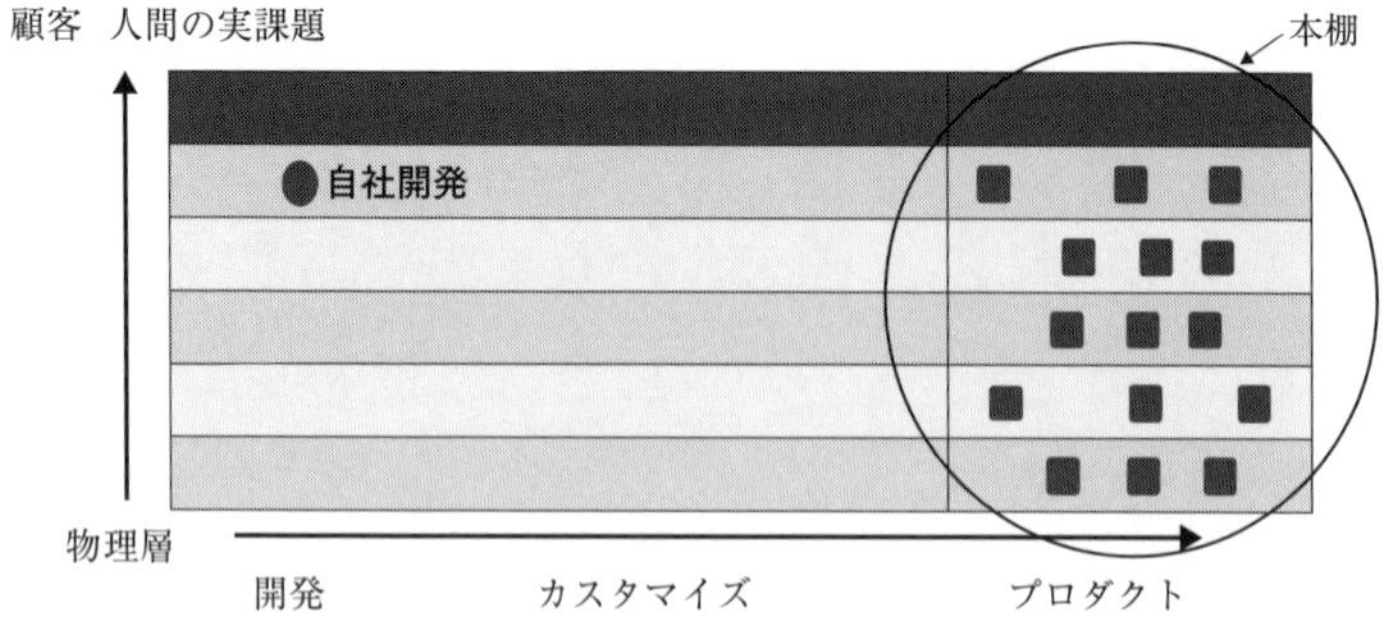

出所　Simon Wardley "Wardley Maps"の図表を参考に筆者作成

発・カスタマイズから着手することになるので、マップの左側にくる、ということを、本書は主張している。

以上をもとにして、経営者のあなたがDXで取り組むべき事項を列挙すると、次のようになる。

①まずこの図の枠を書いてみる。この図の枠は、デジタル化の現在地の見取り図である。世界の主要プレイヤーのサービスやテクノロジーの現状を理解できなければ意味のある枠は書けない。経営者にもデジタルについての知識は必要だが、自らプログラムが書ける必要はないだろう。しかしこの図の枠は理解できる知識がなければ、経営もDXもできないはずだ。もちろんどの程度それが必要かは、業態や規模によっても差はあるだろう。ただ

し、この図の枠を（手伝ってもらいながらでも）書き、その意味するところを理解できる程度の知識が、本当に経営者に必要なデジタルに関する知識だ、ということになる。

②自社のビジネスに関係がありそうなプロダクト、サービスを書き入れてみる。また、わかる範囲で他社事例も書き入れてみる。ここまでくればあなたの会社が競争している領域の見取り図ができる。ここでのポイントは、ある時点で左側にあったものも、時間が経てばいずれは本棚に並ぶということ、そして、今度はそれを使うかたちで、図の左側で次のイノベーションが起きるということだ。そこまで書き込めれば、遠く（少し先の未来）を見た地図になる。

③その上で自社のシステム構成を書き入れてみる。すると、自社のシステム構成の課題もすぐにわかるはずだ。（それが元々のウォードリーの目的である。）

④次に自社の目指す価値を実現するために必要なもの、本棚にないものがあれば、それを特定する。

⑤その中で最も可能性のありそうなものは自社で開発する。ここで初めて、自社にはどういうデータがあって、とか、どういう人材がいて、とか、誰と組めばよいのか、と

いう話になるはずだ。

⑥⑤で開発するものについては、デジタルプロダクトとして他社に供給することも意識する。自社がやらなくても誰かがプラットフォームとして提供する可能性は常にあるからだ。

ここまでできれば一巡である。あとは、世の中の変化に合わせて図の枠や前提を書き直し、また新たに次の打ち手を考えるということになる。

このように整理すると、それは大企業の話であって、中小企業とは関係ないように見えるかもしれない。イエス・アンド・ノーである。つまり、「本棚にない本を探す」必要はないが、本棚は使い倒す必要がある、ということだ。アリババが、「点」と「線」と呼んだことを紹介したが、単純化すれば、「点」は中小企業をイメージすれば良い。

アリババが「点」と呼んでいるのは、その企業はデジタルの側面についてはアリババが提供している機能を使っていて、自らはデジタル以外の本業に特化しているからだ。

同様に、本棚がソフトウェアのプロダクトで埋まってしまえば、それを組み合わせるだけで、DXができてしまう。あなたがレストランのシェフならば、料理だけに集中すれば良い。そうなると、むしろDXに有利なのは、自社のシステムなどもともとなく、本棚から好きなものを自由に選べる中小企業なのかもしれないのだ。そしてこの話が、中小企業の生産性を今後どう高めるかという議論とおそらく関係しているはずだ。

自社システムの最適化を起点に考えてはいけない

ここで紹介したまずマップを書こうという考え方は、おそらくＤＸについて書かれた多くの本のアプローチとは発想が異なっている。多くの場合、ＤＸのストーリーはこんな風に展開する。ＤＸを進めるならば、まずオンライン会議などで自社のプロセスをデジタル化する。次に会社の一部を小さくても良いのでまずＤＸしてみる。さらに全社に展開する。そしていずれは自社のプロダクト自体をデジタル化しよう、といった感じだ。先程のサルダーナの本も要はそういう話をしている。しかしそういうアプローチは、転換点の後にあるデジタル化の現在地には合っていない。それが筆者の主張だ。

また、ＤＸを業務の効率化とプロダクトの開発に分けろ、という論者もいる。筆者の意見は少し違う。本棚にすでにある他人のプロダクトを利用することを「業務の効率化」、そして本棚にない本を自分で開発することを「プロダクト」と呼んでいるだけだ。全てはこのマップの中で議論できるはずだ。

実は、今後の会社はアルゴリズムで動かなければならないと言った元アリババのミン・ゾンが書いていることも、よく読んでみれば、本書の主張と同じ趣旨だということがわかる。ミン・ゾンの言い方だと、こうなる。

これまでの経営戦略の専門家のアドバイスや彼らの使う分析ツールは、直線的・計画的で、内部の最適化、外部に対する競争力という過去の産業経済の発想をひきずっている。（つまり、オンライン会議など目の前のできることから順番に発想すること、社内プロセスの最適化から考えるのは、一つ前の時代の古いやり方だ、と言っている。）今は産業そのものがネットワークとして再構築されている。（つまりＩＸのことだ。）新たなパラダイムでは、未来の生産要素は、誰にでも手に入る。誰もが事業をオンライン化し、他者と連携できる。データ、アルゴリズム、コンピュータ能力は全てクラウドから必要な時に費用を払って入手できる。（つまりまず本屋の本棚を見ろ、ということだ。）

ウォードリーが言っていることも同じである。彼が縦横の軸のあるマップを描いたのは、なぜか。それは、企業がシステム構築やＤＸの議論をするときにありがちなのは、横軸のない、縦軸だけの図での議論になるからだ。そうすると縦軸しかないので、当然だが縦の業務フローがつながるかどうかだけを議論することになる。それは、ミン・ゾンが「直線的、内部最適化」だと批判しているのと、同じことを指しているはずだ。そして横軸に沿って左から右へと必然的に移動するということは、ミン・ゾンのいう「未来の生産要素は誰でも手に入る」と同じ話のはずだ。

こうしてＤＸで経営者が取り組むべきことは、「本屋の本棚を見て」「そこにない本を探す」という本書の主張に帰結するのである。

ＤＸは遷都のようなものだ

少し別の角度から話をしよう。

まず地図を書くべきだ、本屋の本棚を見るべきだという本書の主張は、日本の企業や行政にとって二重の意味を持つ。それはＤＸとは遷都のようなものだからである。

遷都とは、「鳴くよウグイス」のあれである。平安京遷都が都のかたちそのものを変えたように、ＤＸは会社のかたちそのものをつくり変える取り組みだ。平安京を作るなら、まずその場所の地形を知ることから始める必要がある。（ちなみに、平城京の後に都となった長岡京が短期間で廃されたのは、地形をよく調べなかったために治水がうまくできなかったからだ、という説がある。）

平城京ましてや長岡京の改良を積み重ねても、決して平安京にはならない。地形が全く異なるからだ。もちろん地図を書くことは手段であって、到達点ではない。その後はサルダーナなどが言っているようにステップ・バイ・ステップで小さなプロジェクトから進めるということもあるのだろう。しかし、これまでの延長線上でその一歩を踏み出すのか、あるいは、サイバー空間、デジタル化の見取り図を手にした上でその一歩を踏み出すかは大きく違うはずだ。それが第一の意味である。

日本の企業などにとってのもう一つの意味は何か。それは、マップを作ることで、ＧＡＦＡなどのデジタル化の最先端をリバースエンジニアリングするということにある。敗戦で焦土と化した日本が復興したのは、徹底的に先進国がやっていることを分析して学ぶという努力があったからこそである。当時はその対象は機械やモノであった。デジタル敗戦を経たいまの日本が取り組まなければならないのは、サイバー空間のリバースエンジニアリングのはずである。デジタル化の地図を描く第二の意味はそれである。平安京の造営に当たって唐の都長安を参考にしたのと同じことだ。

本棚にない本を探し、自ら作り、ＳａａＳなどのかたちで世界に提供し、それで本棚を次第に埋めていく。そして次第に本棚のかたち自体を変えていく。我々に与えられた機会はそれしかないはずだ。

そして、この話は我が国におけるスタートアップの未来とも関係している。筆者は縁あって東京大学の松尾豊教授の研究室との付き合いが深い。ディープラーニング技術をリードしている研究室だ。その松尾研究室を筆頭に次々と起業する若者が現れ、本郷バレーと呼ばれるようになった。その松尾研究室発のスタートアップ企業が取り組もうとしているのも、ここでいう本棚にない本を探して開発する、ということである。そして、その際には日本の製造業を含む大企業とパートナーシップを組むことが、世界の本棚にない本を作るという意味で決め手になるはずだ。また、大企業から見ても、本棚にない本が見つかったとしても、ほとんどの場合自社だけで開発することは難しいだろう。その意味でもスタートアップ企業とのフェアなパートナーシップ形成は不可欠である。

さて、製造業を含む大企業というが、ここまで説明してきたような話は、ネットフリックスなどのような立ち位置の企業でなくとも、同じように当てはまるのか。そのことを次章で論ずることとしたい。

第6章　第4次産業革命とは「万能工場」をつくることだ

第4次産業革命という言葉がある。文字通り、4番目の産業革命という意味であり、いま我々はその真っ只中にいるとされる。ちなみに、一つ目の産業革命が世界史で習うところのザ・産業革命であり、18世紀にはじまり、蒸気機関の発明などを通じて近代工業が作られた変革のことを指している。第2次革命はトーマス・エジソンとヘンリー・フォードに代表される時代のものであり、電力が幅広く利用され、自動車が一般家庭に普及することになる。第3次はインターネットの登場など、本書でも触れたデジタル化の到来を指している。第4次産業革命は、それに続く革命だ、ということになる。

他方、日本政府は、ソサエティー5.0という考え方を提唱している。こちらは産業に限らずより広く社会全体の変化や新たなガバナンスの確立の必要性を視野に入れた考え方である。人類社会は、狩猟社会、農耕社会、工業社会、情報社会を経てこれから5番目の社会に至る、という意味で使われている。

本書も「いま何か決定的な変化が起こっている」という問題意識からスタートしており、それは第4次産業革命、あるいはソサエティー5.0という考え方と軌を一にしている。私もこれまで様々な場面でこれらの言葉を使って発言もしてきた。

しかし、例えば第4次産業革命を巡る内外の議論を見ていると、ある特徴があることに気づかざるをえない。それは、多くの議論がテクノロジーのトレンドと形容詞から出来上がっているということである。前者についていえば、AIから始まって、ビッグデータ、ブロックチェーン、IoT、VRから量子コンピュータ、さらにはバイオテクノロジーに至るまで、枚挙にいとまがない。他方、形容詞の方はというと、経済の変化が「指数関数的」になっているとか、「オープン」な組織が必要だとか、価値選択としては「人間中心」を目指さなければならないとか、ガバナンスは「アジャイル」であるべきだ、ということになる。

ここには何かが欠けている。そう、これらを結びつける構造やシステムの議論が欠けているのである。つまりは、地図がないのである。（にもかかわらず同じ議論の中でシステム思考が必要だ、などと言われたりもするのだが。）これでは、議論が空回りして、社会やビジネスへの実装には結びつかない。DXと言っても何から手をつけて良いのかわからないということと、同じ話だ。

このままではまずい、何か自分たちでも考えないといけない。私がそう考えていたときに、ふと目にした図がある。経済産業省でデジタル政策の担当をしていたときである。それは、ドイツ政府が提唱した「インダストリー4.0」について書かれた図であった。

インダストリー4.0の構造図を見つける（がわからない）

ドイツ政府が提唱したインダストリー4.0は、製造業のデジタル化に焦点を当てたものであり、その意味では、第４次産業革命よりもスコープが狭い。ただし、後述するようにサイバー空間とフィジカル空間とが融合することこそが第４次産業革命のコアだと考えるのなら、両者の距離はそれほど遠くないだろう。次頁の図は、そのインダストリー4.0をシステム構成の形で示したもので、レファレンス・アーキテクチャと呼ばれる。それで頭文字をとってＲＡＭＩ4.0（Reference Architecture Model for Industrie 4.0）ということになる。アーキテクチャとは何かについては、次章で詳しく議論することになるが、ここではシステム構成についての鳥瞰図だと理解していただければ十分である。ともかく、「技術トレンド」でも「形容詞」でもないものが出てきたし、形而上学先進国のドイツから提案されたものなら、おそらく抽象的で構造的なものなのだろう、何か役に立つに違いないと思い、それを読解しようと試みた。（【図表6.1】参照）

しかし読んでみてもよくわからないのである。どう「わからない」のか。

図表 6.1　インダストリー4.0のアーキテクチャ

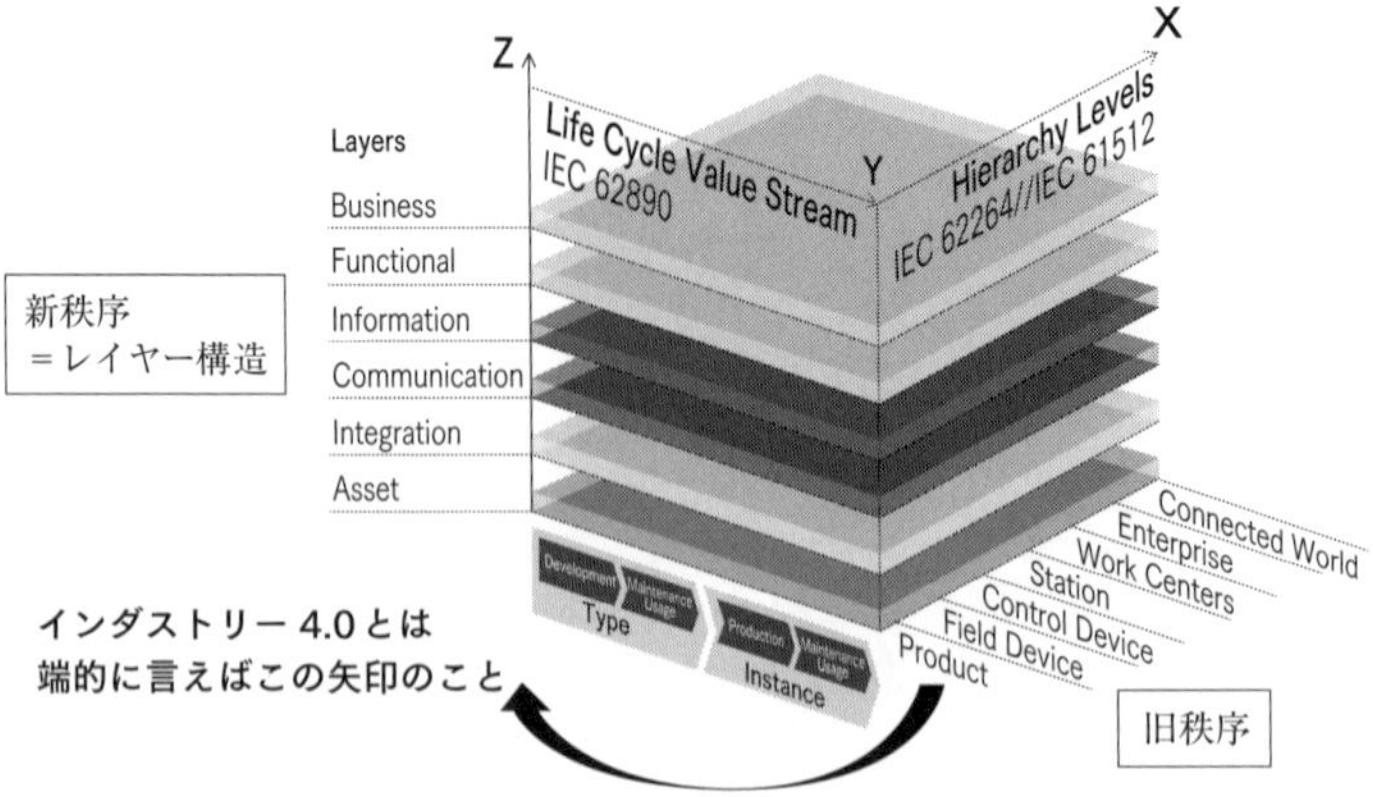

出所　Platform Industrie 4.0の図をもとに筆者加工

図は立方体で書かれているので、三つの軸がある。（オリジナルの図ではそう書かれていないが、ここでは便宜上それぞれをX、Y、Z軸と呼ぶ。）以下まず直訳してみる。

X軸　ヒエラルキーレベルと呼ばれる軸である。下から順に、製品⇩フィールド機器⇩制御機器⇩作業ステーション⇩ワークセンター⇩企業⇩コネクテッドワールドという構成になる。

Y軸　ライフサイクルと呼ばれる。順に開発⇩（プロトタイプの）メンテナンス・活用⇩生産⇩（製品の）メンテナンス・活用という流れになる。

Z軸　レイヤー軸と呼ばれる。アセット⇩統合⇩通信⇩情報⇩機能⇩ビジネスという構成になる。

以上である。

一番わかりやすいのはY軸だろう。特に解説を要しないし、ここでの議論の対象ではないので、これ以上は触れない。

次にわかりやすいのはX軸だろう。要は本書の言い方でいうピラミッド構造、これまでの普通の会社の構造を指している。上記を少し意訳すれば、まず現場で生産される製品があり、それらの生産に直接関わる機器があり、それらの機器を制御する上位の機器があり、それらの機器が設置・運用されている工場があり、その工場が属する事業部門があり、その事業部門が属している会社がある、という感じになるだろう。そしてその会社が外界とネットワークでつながっていて、その先をコネクテッドワールドと表現している。

これと並べるとわかりにくいのが、Z軸である。まず一番「下」にあるものはアセットと書かれている。なんとなくハードウェアをイメージさせる。（実際にはそうでないらしいのだが、わかりにくい用語だ。）続いてソフトウェアのレイヤー構造と似たものが挟まって、最後に「ビジネス」というのが出てくる。X軸には企業・会社というのが出てくるし、筆者が事業部門と意訳したものも含めると、これらとZ軸の「ビジネス」の関係がわかりにくい。さらに言えば、Z軸はサイバー空間について記述しようとしているように見えるが、X軸には別途コネクテッドワールドというのが登場するので、これまたわかりにくい。

提唱者に尋ねたら謎が解けた

悩んだ末に、あるときにこうではないのかと閃《ひらめ》いた。それはX軸とZ軸とは並び立つものだとは考えない方が良い、ということだ。簡単に言えば、これまでのピラミッド構造を表現したのがX軸、今後の構造を示したのがZ軸のレイヤー構造だということである。ビフォアデジタル、アフターデジタルである。ただし、X軸がいきなりなくなるわけではなく、当面はいま存在している機器の間のデータの連携やそのための標準化ということが行われるので一応書いてはある。しかしそれはあくまでも通過点に過ぎないし、それだけでは価値を生まない。ポイントはあくまでもX軸からZ軸に転換することにある。それこそが、インダストリー4.0だ、という理解だ。

独り合点していても仕方がないので、確認するためにドイツを訪れた。2019年のことだ。会ったのはヘニング・カガーマン氏。ソフトウェア企業であるSAPのCEOを経て、現在はドイツ工学アカデミー評議会の議長を務めている。インダストリー4.0の提唱者だ。カガーマン氏とそのチームと面会した。

彼らの答えは明快だった。その通りだ、ということ、かつ、自分たちも実は色々考えた上でそういう結論に達したということであった。それに付け加えて、カガーマン氏らが語ったのは、インダストリー4.0のイメージとしては「万能工場」のようなものを思い浮かべたら良いかもしれない、ということであった。つまりは、工場もソフトウェアと読み込むデータを入れ替えると、作るものが変わるようになる、ということである。データを与えられるとそれに合わせて立体物を加工する３Ｄプリンターという装置があるが、工場そのものあるいは製造業そのものが３Ｄプリンターのようになるという感じだと言って良いだろう。

そうだとすると、インダストリー4.0がイメージしていることは何か。それは、製造業もいずれソフトウェアが体現しているレイヤー構造、本書でずっと議論してきた本棚に相当するかたちになる、ということである。

万能工場などというが、本当にそんなことができるのか。絵空事ではないのか、という方もおられるかもしれない。もちろんこれ自体はメタファーなのであるが、現実はその方向に進んでいると考えるべきだ。第４章で取り上げたアリババのルーハンがその実例を既に示している。ルーハンのビジネスモデルでは、工場間の役割分担は事前には決められていない。新製品が出来るたびにソフトウェアがそれを工程に分解し、それに応じて発注される。また全体の生産計画は工場で立案されるのではなく、最終消費者のＳＮＳ上の反応と連動してアルゴリズムによって決定されている。

実は日本にも、ＤＸなどという言葉ができる遥か以前から、そうした未来をイメージして取り組んできた会社がある。次節ではそれを紹介したい。

網干

2008年、私も関わって、産業構造審議会の小委員会で産業構造の変化を巡る議論に取り組んでいた頃、日本の製造業は今後どうあるべきかが一つの大きなテーマとなった。その切り口の一つがオープンイノベーションだったことは既に述べたが、いま一つは製造業のソリューション化だった。つまり、単に製品・モノを「すり合わせ」の下で精巧に作り販売するというモデルからの脱却である。

その際にまず勉強したのは、コマツのビジネスモデルであった。小委員会にコマツの坂根正弘会長（当時）にご参加いただいたからということもあるが、販売するブルドーザー、ショベルカーなどにGPSを装着し、データを集めて稼働状況等を把握し、メンテナンスなどのソリューションに結びつけるというコムトラックスのビジネスモデルは画期的であった。世界がビッグデータという言葉を使う前の話である。このコマツのビジネスモデルは、現在に至っても、日本の製造業発のビッグデータ活用事例としては最も成功したものであろう。

しかしここで取り上げるのはコマツの事例ではない。当時出会った別の企業で、世間的にはコマツやコムトラックスのようには有名ではないが、私はその取り組みからコマツとはまた別の意味で強烈なインパクトを受けた。これまた当時はなかったのだが、もしDXという言葉が当時あったのなら、その全てを考え抜いて取り組んだ会社であると言っても過言ではないだろう。

ダイセルという企業である。当時はダイセル化学工業と言っており、その名の通り化学メーカーである。スマートフォンなどのディスプレイの保護フィルム、強度や耐熱性を強化したエンジニアリングプラスチック、さらにはエアバッグ用のインフレーターなどを生産している。沿革を辿ると、第1次世界大戦後にセルロイド製造会社8社が合併して「大日本セルロイド株式会社」と号して発足した。それがダイセルという名前の由来である。

ここで取り上げるのは、ダイセルが取り組んだ生産革新という活動であるが、それが着手されたのはもう20年くらい前のことになる。にもかかわらず、ここでなぜ取り上げるのか。それは、当時と現在ではデジタルテクノロジーを巡る状況は大きく異なるのだが、ダイセルの取り組みを振り返ると、製造業がＤＸに取り組む上でのヒントの原石が宝箱のように詰め込まれている、と考えるからである。

ダイセルが当時この生産革新に取り組んだのには、二つの理由があった。円高によって国内工場のコスト競争力が低下したことと、団塊の世代の熟練従業員の大量定年退職が近づいたことである。その二つの課題を一挙に解決するために取り組んだのが、主力工場である網干工場の生産革新であった。網干は「あぼし」と発音し、姫路市の西部に位置する。

網干工場を訪問すればすぐにわかることだが、工場の設備自体は特に最新鋭のものではない。正門近くにかつてお雇い外国人が住んだという洋館があることもあり、むしろ古さや懐かしさを感じさせる佇まいである。

工場のソフトウェアを作り上げる

ダイセルは網干で何をしたのか。端的に言えば、工場のハードの設備はそのままに、オペレーションシステムのソフトウェア側を中心に徹底的に再構築した。ただしオペレーションの中心になるセンターは全面的に新築した。そして製造原価を徹底的に下げた。当時の産業構造審議会の報告書に20％削減と書いてある。そのプロセスと哲学にＤＸの真髄がある。

まず取り組んだのが、熟練オペレーターのノウハウの収集と定式化である。化学プラントの生産性は運転の安定性で決まる。資本集約型の産業なので、運転が不安定化し、特に稼働を止めるような事態になると、生産性は急激に低下する。そうならないように運転を司るのがボードマンと呼ばれるオペレーターである。文字通りオペレーションのモニター盤の前に座り、そのモニターに映し出される様々な指標、グラフと睨めっこし、そこで異常を検知し、打ち手を考える。

ただし、モニターを監視すると言っても、その数が膨大である。生産革新前のモニター機器はそもそも全体に統一感がなかった上に、それらの機器の画面の物理的な数が多かった。かつ、同じモニターに幾つかのグラフが同時に表示され、切り替えると次々に新しい画面が現れるので、一人で何千もの雑然と並んだ画面を見なければならないような状況になる。

雑多な画面の中のどのグラフのどの指標にどんな兆候が現れたら、どんな不具合あるいはその予兆を意味していて、それに対してどのような打ち手をとるべきなのか。それを瞬時に判断するのが熟練オペレーターのノウハウ、暗黙知であった。生産革新プロジェクトでは、その暗黙知を徹底的に引き出した。そうして引き出されたトラブル処理のケーススタディは数十万に上り、現在でも増え続けていると聞く。

また、先ほど紹介したように、ダイセルは複数の会社が合併してできた会社だ。生産革新を始める前の網干工場は、例えば様々な設備の呼称やナンバリング一つをとっても、合併前の企業ごとの慣行を引きずっていたらしい。さらに、これはどの企業でもあるのだろうが、同じ工場に関係する事業部がいくつもあり、それぞれがバラバラに各々の都合で指示をし、受けた現場側はその調整に追われる、という状態であったらしい。それを旧企業、事業部の垣根を越えて全体最適となるように一つの仕組みにまとめるということを徹底していった。

データサイエンスを現場で実践した

しかし本当にすごいのはそのあとである。まずその膨大なノウハウを徹底的に構造化した。どのデータとどのデータが関連しているのか。あるいはトラブルについてのチーム内、工場内の情報伝達や意思決定はどのように行われており、そこに無駄・ロスはないか。画面にアラームを出すのだとしたら、どういう順番でモニターを並べ、画面をどう関連付ければ、オペレーターにとって情報が過多とはならず、と同時にその都度マニュアルを参照する必要がないか。オペレーターと当直長とのベストな役割分担は何か。それらをトータルとして最適化するにはシステムをどう構築したら良いのか。そうした業務を構造として捉えることに徹底的に取り組んだ。換言すれば、いまでいうデータサイエンティストが行っているデータの構造化を全て自前で行いながら、かつ、ネットフリックスが取り組んだ顧客の視聴経験の最適化と同様のことを、オペレーターの作業環境の最適化というかたちで、これまた全て自前で取り組んだことになる。

そこまでできると何が起きるか。それは、新しいオペレーションシステムの構築に当たって、IT部門任せ、ベンダー任せにならない、ということである。そもそもダイセルの生産革新の取り組みは、ベンダー・ロックインや過度なカスタマイズによるレガシー化、ブラックボックス化を回避することが、明確に意識されていた。それもあって、網干工場の生産革新チームが書き上げたシステムの開発要件は、そのままシステムエンジニアが利用してプログラム化することが可能だったと聞く。

もう一つダイセルが明確に意識していたことがある。それは、第2章で書いた話、つまり、抽象化である。ダイセルがまず直接取り組んだのは、網干工場の生産革新ではあるのだが、それが広く応用可能だという確信のもとにプロジェクトが遂行されたのである。

製造業の種類は二つしかない

当時聞いた話で最も目から鱗であったことの一つは、製造業の仕組みは、とどのつまり二つのタイプに分類できる、ということである。一つが組み立て加工型、いま一つがダイセルを含むプロセス産業型である。この二つには大きな違いがある。

組み立て加工は、ラインを組んだ流れ作業であり、その間で部品・中間材の受け渡しが行われて最終製品に至る。換言すれば、人が工具などを使って働きかける作業を幾重にも繰り返して成り立っているということになる。トヨタのカイゼン方式が活かされるのはこうしたケースである。この方式では不具合があるとラインを止めることになるのだが、その不具合の原因となった人の行動を洗い出し改善することで、ラインを止める時間がどんどん短くなり、かつ流れ自体も速くなる。第2章で紹介した小池和男の分析対象となった日本の熟練の典型的なケースはこちらであろう。

プロセス産業はこれとは大きく異なる。これも単純化すれば、液体や気体が設備配管のなかを流れている工程だからだ。こちらの場合は、不具合があって設備の稼働を止めるというのは本当の最終手段であり、その時間の長短を梃子に生産性を改善するということはできない。稼働を停止しないために行われるのが、前述した安定化のための予兆監視と介入だということになる。

また、組み立て加工産業の仕組みを模式化すると、工場の入り口には多種多様な部品があり、出口には限られた数の完成品が並ぶというイメージになる。N（多数）から1を作るという考え方である。これに対して例えば化学産業の工場やサプライチェーン全体を見るとその逆になる。極端にいうと、入口には原油しかない。これに対して出口でできる製品は多種多様である。1からNを作る作業だ、ということになる。

こうした理解の下にダイセルの生産革新チームはどのような哲学を持っていたか。それはこういうことだ。網干工場でできたことは自社の他工場でもできる。自社の他工場でもできたことは同業他社でもできる。同業他社でもできることは、プロセス産業全般、例えば鉄鋼産業にもガラス産業にも当てはまる。つまりアラン・チューリングやインテルのテッド・ホフと同じ、「これができれば一気になんでもできてしまうのではないか」という発想である。日本の企業人には稀有な発想だ。

こうした抽象論とそれに基づく地図を念頭に置きながら、社内外のシステムを順番に改革していった。まず生産部門から手をつけたシステム改革を、次に本社業務部門（経理等）に展開し、さらに取引先も含めたサプライチェーンにひろげ、受発注と生産の情報がサプライチェーンを通じて連動するようにした、ということである。採用されている具体的なテクノロジーは異なるのだろうが、アリババのルーハンが「レイヤーケーキ」を使って取り組んだことと同じ発想である。今から10年前の話である。

この話には続きがある。それは、後節で触れるサイバーフィジカル融合と関係している。今ディープラーニングの最前線で起こっていることは、人の行動を画像データとして捉えてそれを解析するということである。これは人の行動を連続的に捉えるということを意味する。これまでは、それが熟練工であっても匠であっても、自らの行動を言葉で分析・説明するときの解像度には限界があった。あるレベルを超えると、言葉にならず、「体で覚えている」領域に入るからだ。長嶋茂雄がコーチをするときによく「パーンと」などの擬音語を使ったというが、それと似たような話だ。

しかしそれを画像認識に置き換えてＡＩで分析すると、これまで解らなかったことがパターン化できる。それを熟練の技の学習にも使えるし、異常値を検知して事故防止につなげることもできる。そうなると、（非人間的に聞こえるかもしれないが）原理的には設備配管のなかで見えない流体や気体の挙動をデータでセンシングし、必要があれば介入することと同じように、人間の行動にアプローチできるようになるのだ。このように人間の行動（機械やロボットの挙動も同じだが）をデータとして捉えてサイバー空間側に移し替えると、上記に述べたような製造業の二つのタイプの区別は無くなることになる。工場の状態をデータを使って把握し、常時モニタリングして必要なら介入するという意味で、どちらかといえば、組み立て加工プロセスがプロセス産業的になる。それがおそらくＤＸのもたらす一つの帰結だ。

話を戻そう。ダイセルの生産革新には、もう一つ、大きなポイントがあった。それはダイセルがその生産革新の手法をソリューション・サービスとして他社に提供・販売したということである。ＩＴシステムを支えるパッケージソフトと生産管理や人事に関するコンサルティングを組み合わせたサービスとして提供した。もしいま同じことをやったとしたなら、これらをＳａａＳとして提供するということになるかもしれない。つまりダイセルは、本書の言い方で言えば、本棚にはない本を自分で書き、世界の本棚に並べたのである。そしてその前提にあったのが、自分たちなりのDXの地図を持っていた、ということである。

二つの利き手が同居して支え合う

2008年当時私をこのダイセルの取り組みに導いてくださったのは、同社の小河《おがわ》義美さん（親しみを込めてここでは「さん」とさせていただく。）である。2019年に同社の代表取締役社長に就任した。網干工場の生産革新プロジェクトのリーダー格としてこの取り組みを引っ張ってきた、まさにミスターダイセル方式である。私は網干をこれまでに10回近く訪問させていただき、その都度小河さんから新しい刺激を受けた。ただ、ここで小河さんを取り上げるのは単に感謝の意を表するためだけではない。

上記のようにダイセルをDXの超先行事例として紹介すると、これを担った小河さんについてこういうイメージを持つはずだ。つまり、デジタル化に造詣が深く、日本人離れした抽象化能力をもつのだから、きっとエリートコンサルタントか物理学者のような人に違いないと。実際小河さんの専門は当然に化学である一方、その当時の言い方でいうとITシステムについてもその実務を含めて極めて明るい方だ。

しかし、これまた会えば直ちにわかることだが、第一印象はむしろ昭和のモーレツサラリーマンだ。しかもかなりの関西弁（播磨弁？）である。これだけの改革を行うには、リスクもあり現場の負担も多かったはずだ。同じ工場内で新旧二つのシステムをしばらく走らせるようなものだからだ。しかし、労働組合幹部も経験した小河さんが、生産革新について網干工場の現場の協力を取り付けたときに言われたことは、「なんのことだか自分たちにはさっぱり解らないが、そんなに小河さんらがやりたいっていうなら、ともかくやれということだけ言ってくれれば、自分らはやるさ」（本当はこれの関西弁バージョンである）ということだったらしい。つまりカイシャの風土から出た発想だ。「同じ釜の飯を食った」から受け入れられたわけである。

　つまり、小河さんとそのチームのなかには両利きの経営にいう二つの利き手が同居している、ということである。かたやこれまでの工場の現場のノウハウについて熟知していて、かつその人間関係の中に浸かっている。と同時に、現場にはない未来像を探索して作ることのできる抽象化の力がある。「二つの利き手」というが、それは衝突せず、両立できるし、むしろお互いを支え合っている、ということがわかる。

　それを使えば、タテ割りを排し、新たなロジックを定着させ、サプライチェーンをまたいでDXを達成することは可能だ、ということである。また、ネットフリックスのようにプロバスケットチーム並みのヘッドハンティングを行わずとも、RAMI4.0でいうところのX軸からZ軸への転換は可能だ、ということでもある。もちろん、甲論《こうろん》乙駁《おつばく》であった社内で、まだ若かった小河さんなどのチームに任せた当時の社長の英断などもあってのことだが、私が網干を訪れるたびに取り戻す勇気のようなものを、読者の方々に伝えたいという思いもあって、ここで紹介した次第である。

サイバー・フィジカル融合——第4次産業革命の到達点をどうイメージするのか

第4次産業革命が行き着く先には何があるのか。それをどうイメージしたら良いのか。インダストリー4.0についてその提唱者であるカガーマンは、万能工場のようなものをイメージするべきだと述べたことを紹介した。しかし第4次産業革命が起こそうとしているのはおそらくそれ以上のことだ。それがサイバー・フィジカル融合と呼ばれている事象である。

サイバー・フィジカル融合とは何を指すのか。普通にはこの言葉はあらゆるデバイス、機器がネットワークを介してデータでつながる現象のことを指している。インターネットの範囲がかつてのパソコンやスマートフォンをつないでいた時代と比較して大きくその範囲を広げるという意味を込めてＩｏＴ（Internet of Things）と呼ばれる。「万物のインターネット」のような語感だろうか。

しかし「つながっている」というのはほんの入り口に過ぎない。それが引き起こすだろう変化を一言で表現すれば、「人工物が生命体のようになる」、ということである。人工物とは人間が作り出すもの一般であり、個々のデバイスも含まれるが、ここではデバイスどうしがつながって出来上がるシステム、たとえば、化学プラントを操業するシステム、完全自動走行のシステム、スマートシティのシステムのようなものを指す。ディープラーニング技術などで人工知能が発達すると、システムは環境から受け取ったデータをもとに自分で学習し、それに従ってより適切に判断し事態に対処するようになる。ダイセルのようなシステムに次のステップがあるとしたら、得られたデータから予兆を判断し介入手段を選択するノウハウを、人工知能によって直接学習させる、ということになるのだろう。それがおそらく第４次産業革命の一つの到達点だ。

そうなるとどうなるのか。それは人工物、システムが生命体のようになる、ということである。生物は自己保存を図るために、環境のデータを集めて、先を予測し、環境に適合するように自己の行動を選択して外界に働きかけている。あなたがもし同僚の話を聞きつけて、明日職場に行くと上司に怒られそうだと予測したのなら、しおらしい感じで出社して先手を取って謝りに行く、ということがこれにあたる。

システムはこうしたメカニズムに適合した構成を取ることになる。人間で言えば、環境の情報を収集するのが目や耳、自己改良の判断をするのが脳、外界に働きかけるのが手足や謝ったりするための口だ、ということになる。これをシステム一般に置き換えれば、データを収集するセンサー、自己改良の判断をするコンピュータ、外界に働きかけるアクチュエーターという構成である。あらゆる人工物、システムは次第にそういう構成を取るようになる。ここでは深入りはしないが、逆に生命科学の方でも近年生命体をそのように捉えるようになってきているようだ。生命体を情報理論的に捉えようということだ。そうなると生命体もソフトウェアとそれが織りなすレイヤー構造のように捉えられるようになっていく。我々がデジタル化の現段階で見ているレイヤー構造、本棚は、おそらく上記のような構造の萌芽なのである。

フィジカルはなくならない

さて、サイバーとフィジカルが融合するといったが、その二つの関係は最終的にはどうなるのか。全く一つのものになるのか、そうではないのか。その関係をどうイメージすると良いのだろうか。これに答えるには、「リアルとは何か」「現実とは何か」ということから考える必要がある。

CG（コンピュータグラフィックス）という技術がある。テレビ番組で江戸城や安土城などの歴史的な遺構を再生し、あるいは地震など災害のメカニズムを再現して紹介するときなどに使われる。VR技術と組み合わせて、本人がその空間の中にいる感じにまですると、より臨場感がある。展示会や見本市に行くと、最近ではよく製品やサービスのデモンストレーションにCGやVRが使われている。

この展示会で行われているデモンストレーションは何か。それは「リアル」「本物」ではない。ではCG、VRを使った製品のデモは「インチキ」なのか。そうではないだろう。それは「リアル」ではないが「リアルっぽい」のである。ではなぜそれを「リアルっぽく」感ずるのか。それはそこで表現されたものが製品やサービスの特徴を反映しているからである。その取り出された特徴がホンモノと違えば「インチキ」であり、重なれば「リアルっぽい」ということになる。

話を一旦ダイセルに戻す。ダイセルのオペレーターが見ているのはモニターのグラフであり数値である。その数値は何を表現しているのか。それはプラントの設備の内部の状況をセンサーで調べた結果を数値化したものである。では、そのデータが示しているものは設備の内部状況そのものなのか。そうではない。設備内部の気体や液体の状況の何かの側面を捉えて表現したものである。そしてオペレーターはそこに現れるパターンを見つけようとする。こうして多面的にデータをとり、そこに現れるパターンを見出し、それらを組み合わせることで、トータルとして設備内部の「リアル」にできるだけ近づこうとしているのである。ディープラーニングがさまざまな特徴量を切り出した上で、最終的にその画像を「猫だ！」と判定することと同じメカニズムである。

しかし、パターンを切り出すということをどんなに繰り返しても「現実そのもの」にはならない。それは現実が極めて複雑なものであって、それを完全には表現しきれないからだ。このことはおそらくチューリングが見出したところの「どんな命題でもそれが真であれば、それを証明できる計算機を作ることは不可能だ」ということと関係している。従って今後人工知能が発達したとしても、「完全なリアルを再現・表現する」ことはできないだろう。そういう原理的な問題である。

そうなると、データやパターンを使ったシミュレーションは便利ではあるが、限界がある。どこかの段階で、実際のリアルな環境にフィジカルな実物を作って作動させてみることを実施するしかなくなる。自動走行車であれ、プラントであれ。その意味において、サイバー・フィジカル融合が完全にフィジカルを消し去ることはない。そしてサイバーとフィジカルの間を人間が行き来するしかない。そこに日本企業の強みが活かされるだろうということは、誰もが期待するところだ。

リアルに迫れば垣根は消える

リアルに迫ろうとしてパターンを切り出していくと、起きることがもう一つある。それは、我々がなんとなく設定していた従来の垣根を飛び越える、ということである。ダイセルの例で言えば、網干のプラント内部を知ろうとして内部状況をいくつかのパターンで表現し、それをモニターで表現しようとすると、それは他のリアル、つまり、網干以外の工場、他の会社の化学プラント、他のプロセス産業一般に使える、ということがわかることを指す。つまり、パターンを切り出すと、フィジカル側に我々が設定していた従来の区分を飛び越えて、横切ることが出来るようになる、ということだ。これは抽象化で議論したメカニズムと同じ、そしてディープラーニングが実現していることと同じメカニズムだ。デジタル化はサイバー空間を挟むことでこのフィジカル側にある既存の区分の間の「横切り」を可能にしているのである。同様にそれを使って、「現実にはないもの」「現実にはない工場」を作り出すこともできる。シミュレーションである。CGで江戸城を再生したりそれを改築したりできるのと同じことだ。

以上の話と関係するのが、実はUXだ。デジタル化、特にデジタルマーケティングが進むなかでUXの重要性が指摘されるが、UXの真髄に迫ろうとすると、上記の「リアル」をどう捉えるのかということと深く関係していることがわかる。

藤井保文は『アフターデジタル2』（日経BP刊）の中で、デジタル化について日本の企業人には誤解があり、UXという視座から全体を捉えるべきだ、と主張する。どういう風に誤解すると言っているのか。それは、機器は機器、データ解析はデータ解析というように分けてしまうということだ。そして後者に囚われるとデータこそが大事で財産なのだと一面的に理解してしまうことになる。そして折角もともと顧客との間で築いていた関係、接点を無理にデジタルに置き換えようとしてしまうというのだ。つまりサイバーとフィジカルとを上手に融合させることができていないということになる。その上で、デジタル化で大事なのは、オンラインとオフラインの接点を通じた全体を、顧客の経験（UX）、顧客から見れば一つの物語、ジャーニーとして統合的に捉え、その全体を世界観として提示することだ、と言っている。

DX力とは垣根を越えてパターンを見出す能力のことだ

本書がずっと主張していること、つまりデジタル化やDXとはあるロジックのことであり、それを理解せずに取り組んでも成果が出ないということが、ここに端的に現れている。UXの話を、本書で展開してきた言い方に直すとこうなる。それは肝要なのは、データをいじることではなく、対象になっている世界をパターンの組み合わせで理解してみる、ということだ。デジタル化やビッグデータは、それを手伝うための道具である。そしてそのような理解をすることで、フィジカルな対象を横切って捉え、さらには、サイバー空間の中での経験も含めて、サイバーとフィジカルの間をも跨いで、横につなぐことができる。そう考えれば、UXの話も、ダイセルのケースも、実は同じロジックの応用なのだ、ということに気づくはずだ。第4次産業革命は、製造業かどうかなど業種を問わない一つのロジックで語ることができるのである。

もしDX力というものがあるとしたら、それはこのロジックを身につけることである。そして、サイバーとフィジカルの間を行き来することで強みを発揮するのが、日本の企業人が目指す道だとするなら、この垣根を越えてパターンを見出す力こそ、最も身につけなければならないロジックであり、スキルだということになる。

ピカソは何と格闘したのか

世界をパターンの組み合わせで理解すること。それがデジタル化において重要な意味を持つことはお分かりいただけたと思う。しかし、それが出来るようになるのには、日本の企業人や行政官が慣れ親しんだものの見方から離れなければならない。我々は「○○工場」「○○株式会社」「○○業界」「○○省」「○○機器」というものの見方に慣れ切ってしまっている。その具体から離れられない発想こそが、タテ割りを生んでいる。それをどう壊せば良いのか。

しかし、それは日本の企業人だけの孤独な挑戦ではない。

実は世界の芸術家たちは、そのこととずっと前から格闘してきたと言える。彼らは「世間が慣れきったものの見方」が嫌で仕方がなかったからだ。ピカソの「泣く女」のようなキュビズムの絵をみると、今でも多くの人は違和感を感じるだろう。それは自分の姿はどのようなものかと問われれば、普通は身分証明書の写真のようなものだと思っているからだ。

しかし、仮にあなたの身分証明書の写真を見せられて、そこにあなたの全てが表現されているか、と聞かれれば、誰もがそれにはノーと言うだろう。そこには、あなたの性格も、趣味も、生きてきた経験も表されてはいないからだ。それをあえてキャンバスの上に表そうとするとどうなるか。一人の人間の多様な側面をパターンの組み合わせで表現する。それがキュビズムの求めたことであり、抽象画一般の目指しているところのはずだ。

しかし、ＤＸに取り組むあなたが、会社の将来像を描く必要があったとして、それがピカソの絵のようなものだと言われても、これまた困るだろう。と同時に、会社の将来像は、サイバーとフィジカルの全体を表現し、変化の可能性も取り込み、データを提供したい価値につなげるものでなければならない。一枚の図では表現できそうもない。何か良い表現方法はないのか。実はそれを探究してきたのが「アーキテクチャ」という考え方である。

次章ではそれを紹介する。

第7章　アーキテクチャを武器にする

まず、一つの講演をご紹介したい。それは2020年1月に行われたイベントの目玉企画であった。講演したのは中西宏明経団連会長。まさにアーキテクチャに関する講演であり、今後の社会や経営のことを考えるとなぜアーキテクチャが重要になるのか、という内容であった。自らもエンジニアとして鉄道のシステムアーキテクチャ設計に携わった中西会長が語ったアーキテクチャ論は、余人には語りえない迫力に満ちたものであった。その後ユーチューブにアップされたので、是非読者にも視聴していただきたい。

以下でそのエッセンスを紹介する。中西会長がまず強調したのは、膨大なデータを価値に結びつけることが、ソサエティー5.0の核心だということである。と同時に、そのためには、データをどのように入手し、保存し、加工し、価値やソリューションに対応させるのか、という設計が必要になる。それを行うのが、アーキテクチャだということである。そして、ご自身が携わった鉄道の二つのシステム――一つは新幹線の運行システム、今一つは首都圏の在来線の運行システムである――の例を引きながら、そのシステムが達成すべき目的、価値、あるいは与えられた環境・条件によって、同じ鉄道運行システムといってもアーキテクチャが全く異なるのだ、ということを示された。その上で二つのことを強調した。

第一は、アーキテクチャは技術的な要素を含むが、技術者に任せるものではなく、会社であれば経営者が理解すべき話だということである。仮にアーキテクチャを誰かに任せるのだとすると、その経営者はデータからどういう価値を顧客や社会に提供するかに自分は関わらない、ということになるからだ。第二は、業種という垣根、発想はなくなる、ということである。なぜならば、価値とデータを結びつけるのが自社のミッションだとするならば、価値別に考えるという発想はあっても、業種別に考えるという発想にはならないからだ。つまりは、本書と同様に、今後の経営者は新しいロジックであるアーキテクチャを身につけなければならないが、それがタテ割りの打破にもつながる、という話をされたわけである。

新しい世界を捉える

データを価値に結びつけるというソサエティー5.0の核心に関わるのがアーキテクチャだ、という中西会長のメッセージを、私なりに広めに言い換えると、アーキテクチャとは、到来しつつある新しい産業、社会を捉え、構築し、表現するための手法であり、発想なのだ。

何か決定的な変化が起こりつつある、それが本書のスタートラインであった。決定的な変化が起こるということは、変化の前の世界と変化の後の世界とが全く違う、ということになる。ビフォアデジタル、アフターデジタルだ。全く違う世界を捉えようとすれば、全く違う見方が必要になる。アーキテクチャは我々にその新しい見方を与える武器のようなものだ。

では、アーキテクチャとは具体的には何を指していて、それを使うと、何を捉えられ、どう構築し、表現できるのだろうか。本書のここまでの議論の中にも、レイヤー構造という言葉が繰り返し登場したように、それと関係する事柄が通奏低音として織込まれていたのだが、それらをまとめて提示するのが本章の目的である。

その前に一つ残念なお知らせがある。私自身もアーキテクチャに関心を持ち、専門家の教えを乞い、書物も読んだ。しかし、この一冊を読めばこれがアーキテクチャだということがわかる入門書のような本はおそらくどこにもない。なぜならば、アーキテクチャと言われる分野は、そもそも関係する知識が多岐にわたる上に、大きく二つの分野に分かれていて、お互いに意識はしているものの、十分に一体とはなっていないからだ。一つの分野は、古くはエジプトのピラミッド建設の頃から考え方としてはあるもので、ハードウェアを中心に構築されたシステムに関するアーキテクチャである。もう一つは20世紀後半から登場したソフトウェア・アーキテクチャだ。なお、システムエンジニアリングという言葉もあるが、アーキテクチャとほぼ同義だ。

本章は、この二つの分野をできる限り渾然一体として提示することを目指している。

かつてアーキテクチャが念頭に置いたのは、航空機などハードウェアの設計が中心であったが、現代ではその対象はほぼ全てデータを使いソフトウェアで駆動されるシステムになっている。逆に、かつてのソフトウェア・アーキテクチャは、個々のコンピュータプログラムの設計や会社の業務システムの設計など、経済社会の一部の機能だけに関わるものであったが、今や社会システム全体の設計に関わりつつある。第4章でアリババのシステムを念頭に、レイヤー構造全体を、物理層に近い計算能力を支えるインフラに当たる1階部分と、データ解析の2階部分からなる2階建て構造だと説明した。コンピュータでアーキテクチャといえばかつては1階部分の話だったものが、2階に重点が移ってきていると表現しても良いだろう。いずれにしても、サイバー・フィジカル融合が進む現代が、二つに分かれていたアーキテクチャの分野を真に一つのものとすることを求めている。

ややこしいシステムをどう扱うか

新しい時代をアーキテクチャから見る。それは何をすることなのか。まず一言で表現しよう。それはビジネス、産業、社会を複雑なシステムとして捉え、それに対して人間（社会）が、ソフトウェアのロジックを基本において立ち向かおうというものだ。

アーキテクチャはソフトウェア登場以前から、複雑なシステムを設計し実現するためにある。「複雑な」を英語で言うと complex になる。普段はおそらく区別せずに使っているが、complicated ではない。どちらも「複雑な」と訳しそうだが、どう違うのか。

例で説明しよう。complicated なのは例えばジグソーパズルである。パズルの点数が多くなると、組み立てるのには根気が必要である。試行錯誤を繰り返しながらようやく完成する。「パズル」（難しい）と呼ばれる所以である。その意味で複雑だとは言える。しかし、ジグソーパズルにはたった一つの決まった完成形があり、根気よくやれば誰でも同じ正解にたどり着く。

complex なシステムはこれとは異なる。例えば、アポロ計画で月面着陸を目指してロケットを打ち上げるような場合を指す。そうしたプロジェクトは、関係する予算も人員もジグソーパズルとは違って巨額だが、ここでのポイントは規模ではない。complex だというのは、異なる分野の専門性、知識を組み合わせることでしか、実現できないことを指している。ロケットを月に飛ばすには、例えばエンジン技術から始まって、宇宙飛行に耐える機体を作るための素材に関する技術、衛星の位置を測位し目的地点へ誘導する技術、通信技術、有人であれば人が衛星で活動することを支えるための船内環境に関する技術など、多岐にわたる技術が必要になる。かつ、それぞれの技術で実現・解決できることどうしが相互に依存する関係にある。機体の素材とエンジン能力を無関係に開発はできないだろう。また、たった一つの正解が存在するわけではない。何か一つの技術を使って、コツコツ取り組んでいけば、いつかは出来上がるものではない、ということである。

そういう「ややこしさ」のことをcomplexと言っている。日本語ではおそらく「多面的」と訳すのがより適切だ。ピカソが「泣く女」でそれを描こうと格闘したのと同じ「ややこしさ」だ。ただし、混乱させるようだが、complexなsystemを日本語に訳すときには通常「複雑系」と言ってしまっているので、なかなかそれ自体がややこしいのだが。

さらに、アポロ計画や現在の完全自動走行システムの場合には、システムの開発に着手した段階では、完成段階で具体的にどんな技術が開発されているのか、あるいは開発できないのか、不確実である。また、スマートシティのようなプロジェクトであれば、それに関わるステークホルダーが多様で、それぞれが求める価値もまちまちである。スマートシティは、それ自体が例えば交通システム、医療システム、エネルギーシステムのようにある程度独立したシステムから構成されることから、システムズ・オブ・システムズと呼ばれる。システムズ・オブ・システムズであるということが、ステークホルダーの利害の輻《ふく》輳《そう》を反映しているとも言える。いずれにせよ、スマートシティの実現には、多様な価値に目配りして目指すべき方向を定める必要がある。

アーキテクチャは、こうしたシステムが内包する多面性、不確実性、錯綜する利害といった「ややこしさ」を解決しながら、システムを実現するための考え方、アプローチである。

課題から考える

ややこしいことを目の前にしたときに、我々はまずどうすべきなのか。「課題から考える」である。アーキテクチャの授業は、課題の構造を考えるトレーニングから始めることが多い。

アインシュタインが言ったとされる言葉がある。それは、地球滅亡までにあと1時間しか残されておらず、あなたが地球防衛軍の責任者だったらどうするのか、という問いに対する答えである。アインシュタインの答えは、自分なら55分間はその課題がどういうものなのかについて考え、残りの5分間で解決策を考えるというものであった。その何が良いのか。

対比してみればわかる。課題から考えないということは、当然「解決策から考える」ということになる。良さそうに聞こえるのだが、その何がダメなのか。言葉を足して説明しよう。解決策から考えるということは、すぐに思いつく、既にその組織が持っている具体的なツールをあれこれいじってどうにかしてみようとする、ということになるからだ。地球滅亡まではいかないにしても、会社のトランスフォーメーションのような非連続の課題を、組織が既に持っているツールなどの「型」にはめて検討すると、「型」にはまらないような骨太の解決策が出ることは決してない。

逆に、課題から考えるということは、型を破って自由に解決策を考え、その選択肢を増やすことになる。インテルのテッド・ホフの事例がそうだった。彼らがビジコンから依頼されたのは、マイクロチップの設計・生産である。それを解決策から考えるならば、ビジコンから渡された電子回路を仔細に検討して、それを改善する、ということであったはずだ。しかしホフはそうしなかった。ビジコンがマイクロチップを使って解決したい課題、つまり小型電子計算機が解くべきプログラムの方をじっと見たのである。その結果、解決策の幅が広がり、ハードウェアの機能の一部をソフトウェアに移した上で、マイクロプロセッサを単純化した。そしてインテル4004ができた。

課題から考えるというのは、エジプトのピラミッドや東大寺建立のようなかつてのややこしいプロジェクトでも有効な手段である。しかし、ソフトウェアが産業、社会の中心となり、我々がカイシャのロジックから卒業したいときに特に有効な手段だ。

それは「課題から考える」というのは「抽象化」でもあるからだ。ホフは、ビジコンの持参した電子回路という具体から離れて、より抽象的なスペースで物事を捉え直したのである。抽象的なスペースはいくつもの具体を含むので、ややこしい課題に対して解決策を見出しやすい。カレーがないときでも、その欲求を「辛いもの」が食べたいと置き換えられるのなら、担々麵が見つかる、という話だ。

そして、ホフが一部の機能をソフトウェアに移したように、ソフトウェアは「抽象化」に馴染む。ハードウェアと比べれば、頻繁に変更・アップデートできるからだ。ハードウェアは、容易に変更できないために、既に存在する具体から離れることが難しい。それで、具体を大事にし、作り込み、深化する、ということになる。ソフトウェアはしょっちゅう手を加えられるので、ハードウェアと比べれば具体から自由になることができる。むしろ抽象つまりは課題に徹底的にこだわるべきなのだ。そして、抽象、課題を突き詰めたものが企業として実現したい価値であるはずだ。

日本の企業人あるいは行政官が「課題から考える」ことがなかなかできないのは、ここにも一因がある。モノという発想に囲まれて生きてきた結果、あわせて「具体から考える」という癖を身につけてしまい、その発想法から離れられないのだ。これは発想の問題なので、気づかなければ、デジタルの世界でも同じことをしてしまう。それが例えば第6章で取り上げた藤井保文のUXについての指摘である。自分たちのサービスや製品にどう顧客を惹きつけるかが本来的な課題だ、ということに気づきさえすれば、顧客接点がオンラインかオフラインかに関係なく並列に一つの経験、ジャーニーとして考えることができる。ところがこの同じ話を、「DXなのだからデジタルを使うのが課題だ」と、より具体の側で発想してしまうと、全くおかしなところに行ってしまう、ということだ。

レイヤー構造の意味を正しく理解する

アーキテクチャとは、ビジネス、産業、社会を複雑なややこしいシステムとして捉え、それに対して人間（社会）がソフトウェアのロジックを基本において立ち向かうためのものだと言った。以下では、どう立ち向かおうとしているのかを順を追って説明する。それは、これまでに幾度も取り上げたレイヤー構造について、その意味を掘り下げて考えることである。と同時に、そうした作業は、これまで我々が慣れ親しんだ見方から出発して、新しい見方へと到達する手助けにもなるはずだ。

ロイ・フィールディングというコンピュータ科学者がいる。皆さんもどこかで目にしたことのあるhttpというプロトコル規格の主著者の一人であるが、そのキャリアの途中で博士号を取得した。2000年のことだ。そのときに提出した博士論文で、ウェブのアーキテクチャについてRESTと呼ばれるスタイルを提案し、API（アプリケーション・プログラミング・インターフェース）の定義を行っている。今日でも引用される論文である。彼がその論文の冒頭で展開しているのが、ソフトウェア・アーキテクチャ論である。

フィールディングは、ソフトウェア・アーキテクチャの真髄は抽象化にある、とする。同時に、抽象化するときの到達点は一つではなく、いくつものレベルがあるのだともいう。抽象化が真髄だということを通じて、フィールディングはソフトウェア・アーキテクチャについてのありがちな理解を否定する。

彼が否定する典型的な例は、ソフトウェア・アーキテクチャをプログラムに書かれた文字列そのもの、つまりソースコードとして見ることである。我々もソフトウェアと言われれば、プログラム言語で書かれたもののことだとイメージしやすい。実際にそういう見方に立ってソフトウェア・アーキテクチャを議論する専門家もいるようだ。これに対してフィールディングは、その専門家たちが見ているのはアーキテクチャと呼ぶべきではなく、ソフトウェアの静的な構造に過ぎない、という。そしてソフトウェア・アーキテクチャは、静的な構造ではなく、ソフトウェアを実際に動かしたときにそれが実行する内容を表現すべきなのだ、と主張する。

夜食のラーメン作りはどう説明されるべきか

料理に喩えればこういうことだ。

あなたが夜食に食べるためのラーメンを作ったとする。その時のあなたの役割がソフトウェアに当たる。大概のラーメンの袋の裏にはこんな風に書いてあるはずだ。「鍋にお湯を沸騰させ、麺袋から麺を取り出してお湯に入れて、3分間お好みの硬さになるまで茹《ゆ》でてください」みたいな感じだ。フィールディングが否定しているのは、ここであなたがやっていることを、ある意味で厳密そうに見える「100℃のお湯で3分間茹でる」という言い方で表現することだ。そうではなくて、あなたがやっていることは「袋の中の麺を熱湯で茹でて好みの硬さにすること」だと表現すべきだ、とフィールディングは言っているのだ。つまり、「具体的な解決策」ではなく「抽象的な課題」で表現しろ、と言っている。(あなたにとっての課題は、3分間茹でることではなく、好みの硬さにして食べることのはずだ。)

この話は、フィールディングが否定しているもう一つのことと関係している。それは、アーキテクチャを表現するときよく見かける、四角い箱と線でダイアグラムを描くというやり方だ。その箱の中に入るのは、上記の例でいうと「鍋で１００℃に沸かしたお湯で３分間茹でる」である。それではなぜダメなのか。「お湯を１００℃に沸かす」「３分間茹でる」、さらにはもやしを「中火で2分間炒める」等々とずっとつなげていくと、ダイアグラムに出てこないものがある。それは料理であり、その状態・質である。同様に、フィールディングは、箱と線というかたちでアーキテクチャを表現すると、肝心なものが登場しないと言っている。データとその状態だ。

つまり彼はソフトウェア・アーキテクチャとはデータを変換するものであり、その事前事後の状態の差分（あるいはその差分をもたらす変換機能）として表現すべきだと言っている。本章の冒頭で紹介した中西会長の講演のエッセンスは「膨大なデータを価値に結びつけることが、ソサエティー5.0の核心だ」ということだ。フィールディングは、ソフトウエア・アーキテクチャを正しく理解するには、ソフトウェアに書かれたプログラムとしてではなく、それを使ってデータをどういう状態に変換しているのかを見ろ、と言っている。同様に、本書で繰り返し使ってきたレイヤー構造をやや厳密に表現すると、モノ自体（生麵、茹で麵）ではなく、この変換を行うこと（生麵を適度な茹で麵にすること）を一つのレイヤーとしてみるべきだ、ということになる。だからこそ、ソフトウェア・アーキテクチャで捉えたレイヤー構造全体が、データを価値に転換するシステムを表現し、設計することに寄与できるのである。

レイヤーとは本当は何を指しているのか

上記のように考えると、レイヤー構造を構成する個々のレイヤー、レイヤーとレイヤーとの関係はどう理解できるのか。

データを読み込んで転換させる一つの塊《かたまり》のことをコンポーネントと呼ぶ。ラーメン作りに戻ると「ちょうど良い硬さの状態の麺に茹でること」がコンポーネントにあたる。ラーメンを作るには少なくとも麺とスープを合わせることが必要なので、スープ側にもコンポーネントができることになる。「ちょうど良いとんこつ味のスープを作る」みたいな感じだ。この二つのコンポーネントをリンクでつなぐと、「ちょうど良い味のラーメン」に近づく。このコンポーネントが並んでいるのがレイヤーだ。その作業はソースコードのどこかと関係しているが、本質的に大事なのは、コンポーネントの使用前・使用後のデータの変化である。エンジニアの仕事の価値は、変化分をみてソースコードをよりよく直すことにあり、ソースコードを書くことそのものではない。第2章で述べたように、まず上がってからはじめて下がるのが大事だ、ということだ。

あまりに当たり前だが、麺とスープを合わせてラーメンにする、と言っても、「茹でた麺」と「温めたスープ」を合わせなければいけない。茹でる前の麺とスープの素を合わせても普通はあまり美味しくない。そのときに、いちいち「茹でた麺」「スープの素をお湯に溶かして温めたスープ」と表現せずに「スープ」と「麺」で済むようにすることを、インターフェースという。APIが実現していることもこのことだ。こうしておけば、あとは調理する側が、味噌か醤油か塩かというスープの種類と、ちぢれ麺かどうか等の麺の質を選べば、いちいち「茹でたやつですよ」とか「温めたものですよ」という必要がなくなる。その「言わずに済ませる」ことを抽象化と言っている。それが同じレイヤーを構成するコンポーネントがインターフェースを使って行っている「抽象化」だ。

レイヤー構造にはもう一つの抽象化がある。それがレイヤーとレイヤーとの関係に当たる。ラーメンの例で言えば、「ラーメンを食べる」というのは一つの「混合された」経験だということである。どんなに優れた料理人が作ったものであっても、その人が作ったスープだけをお椀から飲んで、次に別の皿に盛った麺をたべて、最後にまた別の皿のチャーシューを食べて、おいしかったでしょう、と言われても、それで美味しいラーメンだったという人はいないだろう。「ラーメン」と「麺、スープ」では違う次元の経験、価値を表現しているからだ。従って、「ちょうど良い硬さの状態に麺を茹でる」と「麺とスープを合わせて美味しいラーメンに仕上げる」というのは、別のレイヤーのコンポーネントを表現しているということになる。そして「ラーメンを仕上げる」というレイヤーから見れば、「味噌味のスープ」を呼び出せれば十分で、そのスープがどう出来上がってきたかは関心の外である。このスープがどうできてきたのかを「聞かずに済ませる」ことも「抽象化」と呼んでいる。

「ちょうど良い味の美味しいラーメン」というのは、人によって場面によって様々だろう。

しかし、上記のようにレイヤーを区分けし、かつ、そのレイヤーの中のコンポーネントを十分細分化していけば、その組み合わせの中からどんな好みのラーメンもできる、さらに一般化すればどんな料理でもできる、という状態に近づくはずだ。それがまさにエルブジのやろうとしたことである。

アーキテクチャは思考のクセを矯正するコーチだ

以上で最も大事なポイントは、ソフトウェア・アーキテクチャは、ソースコード、プログラムともちろん関係はするが、むしろそれが実現するデータの状態、それがもたらす価値に力点があるということだ。筆者の言い方で言えば、データがいくつものレイヤーを通じて変換されて行って、そのいわば「差分」を足していけば、最終的に企業が提供したい経験、価値につながる、ということである。だからこそ、中西会長が強調したように、アーキテクチャは技術者に任せる話ではなく、経営者、行政の責任者が理解しなければならないことなのだ。フィールディングの言葉で言えば、ソフトウェアを書く目的は、具体的なコンポーネントを選ぶこと、あるいはその間の特定の関係性を作ることではない。その目的は、アプリケーションの求めるニーズを満たすあるいは超える属性（「プロパティ」と呼ばれる）をもつシステムを作るためだ、ということである。

あるいはこう言っても良い。アーキテクチャは、「3分茹でる」といったような一見分かりやすいルールや、目の前にある具体的なモノからすぐ思考しがちな我々のクセを矯正するコーチのようなものだ。本質的な課題や実現すべき状態、価値の方向、つまりは抽象化の方向に常に立ち返り、そこからの視点で具体的なソースコード、モノを作り、手直しする。そのダイナミズムを失わないためのものだ。そしてレイヤー、コンポーネント、プロパティといったいわば勘所を決めて、そのポイントポイントで「上がってから下がる」という思考の所作を我々に実行させる。そうすることで我々は、「本棚にない本」を見つけてそれを作り、ややこしいシステムを構築し、価値を実現する。それがアーキテクチャを武器にする、ということだ。フィールディングが、ソフトウェア・アーキテクチャの真髄は抽象化にあり、かつ抽象化にはいくつものレベルがあると言ったのは、おそらくそのことを指している。

パターンを見つける

上記の例が明らかにしていることがもう一つある。それは、アーキテクチャの取り組みは、実践的な探求だ、ということだ。

ラーメン作りもエルブジの取り組みもいずれも実践的、経験的なものだ。何かどこかに絶対的なラーメンの黄金律、法則のようなものがあって、それを解明すれば全てがわかる、というものではないし、(職人の心意気は別として)「唯一絶対のラーメン」を作ることを目指してもいない。「美味しいラーメン」とは何かという追求があり、その下に「美味しい麺」「美味しいスープ」「美味しいチャーシュー」の追求があり、各々が新たなパターンをうみ、それが全体として実践的かつ多様に「美味しいラーメンを食べる」という経験を生み出すことにつながっている。

デジタル化も全く同じである。どこかにデジタル化の絶対法則のようなものがあって、それを発見・実現することがデジタル化ではない。様々なコンポーネントのパターンができ、そのコンポーネントだけをモジュールとして取り出せるようになり、それらがつながり、さらにレイヤーが増えることで、ソフトウェア・アーキテクチャが進化し、本棚の本に喩えた役立つプロダクトが増えていって、人々が素晴らしいと思う経験や価値のパターンが提供できる。それがデジタル化なのだ。

もちろんその実践を支えるのが大量のデータだ。大量のデータを利用して、このシステムに読み込ませることで、新たなパターンを次々に発見することができる。

ソフトウェア開発の手法からはじまり、最近ではガバナンスについて言われている「アジャイル」という考え方は、このポイントとセットだ。データを使ってシステムに読み込むことで、次々に新たなより良いパターンを探索・発見することができる。そしてより良い発見のためにシステムを手直しする。だからこそ、かつてのウォーターフォール型のように、ルール（要件定義）を詳細に確定して時間をかけてプログラムをきっちり作り込む、というやり方は向かなくなり、アジャイルが推奨されるのだ。（もし条件が明確になっているのなら、逆にアジャイルは向かない。）

データサイエンスもパターンを見つけるためにある

デジタル化で、データサイエンスや統計学が重視されるのも同じ理由である。統計学とは実践的なものだ。これもまた万有引力の法則のようなザ・法則を発見するためにあるのではない。我々がビジネスや行政の現場を通じて接する様々な事象を、データを使って統計的に捉えてみると、これまで気づかなかったパターンが次々と発見されて、それらを組み合わせてみると、より良い価値が提供できるのではないか、という実践的な取り組みである。

ネットフリックスのヘイスティングスが、イノベーションを追求する会社であればコンテクストの共有が大事で、安全の確保が大事な会社であれば、プロセスやルールでガバナンスをした方が良いと言ったことを紹介した。しかし、これははっきり言えば間違いである。ダイセルの例で見たように、保安のためにも、どのパターンが不具合につながるのかというパターンの発見・探索を繰り返す必要がある。それが安全の進化につながるのだ。もちろん探索されたパターンはルール化して、それを細かく頭に入れて守るということとの組み合わせが必要になるだろう。それが今後の両利きの経営、すなわち「サッカーとところにより野球」への正しいアプローチである。

実は人工知能はそれをすでに実行してしまっている。アルファ碁では、ディープラーニング技術を使って「だいたいこの辺りの打ち手なら勝てるっぽい」を探索したのちに、その範囲の打ち手をひたすら試す、モンテカルロ法という手法が使われるらしい。要は、パ

図表 7.1　アーキテクチャ理解の急所

	データの場合	夜食のラーメンの場合
アーキテクチャの目的	データを転換して価値、ソリューションにする。	食材に手を加えて美味しいラーメンにする。
コンポーネントの役割	データを変換して、得たいデータの状態にすること。それで達成したい差分。	食材に手を加えること。それで達成したい差分。麺を好みの硬さに茹でること。
間違ったコンポーネント理解	ソースコード自体と同一視する。	「100℃のお湯で3分間茹でること」と同一視する。
レイヤー構造とは	データを転換するステップの積み重ね。	食材に手を加えるステップの積み重ね。
レイヤーとは	同じレベルのコンポーネントを並べたもの。	同じ段階の手順（「麺を茹でる」「スープを温める」）を並べたもの。
インターフェースとは	コンポーネントの中で行われている処理を他のコンポーネント、上位のレイヤーから見て隠すこと。	スープは「温めたもの」、麺は「茹でたもの」といちいち言わずに済ますこと。
レイヤーを積み重ね、コンポーネントを増やすとできること	人間の実課題のソリューションの多くをデータから作ることができるようになる。 新しい価値を持ったソリューションも生み出すことができる。	ラーメンはもとより、世界中の料理が作れるようになる。 新しい料理も生み出される。

ターンの探索を行った上で、「この範囲でなら、あとは順番に真面目にやってね」というルールを組み合わせているのである。

なお、ここまで沢山の用語が登場したので、読者の便宜のため、アーキテクチャを理解する上で急所になるポイントを一覧にして、示すこととする。（【図表7.1】）

パターンランゲージを使って都市をつくる

フィールディングがソフトウェア・アーキテクチャ論の終わりの方で触れている項目がある。パターンランゲージという。それは、ソフトウェアを開発設計するエンジニアが使う開発手法に関わっている。パターンとは、ソースコードつまり文字列そのもののパターンではないが、プログラムを書くエンジニアがある課題に当面したときに、それを解決するときに有用な手法であり、かつしばしば使われるベストプラクティスのようなもののことを指している。有用なパターンを体系化したものがパターンランゲージだ。

フィールディングは、ソフトウェアアーキテクチャにおいてパターンランゲージを使うとしたら、「どうソースコードを書くか」という場面ではなく、「どのようなプロパティ、属性を提供するシステムを作るか」という場面で使うべきだ、と言っている。よりシステムが提供する価値に近い場面で使え、と言っているわけだ。そしてその方が、パターンランゲージという言葉の起源に近いはずだと言っている。

実はこのパターンランゲージというのは、ソフトウェア以前のアーキテクチャ、つまり都市をどう設計するか、と言う文脈で使われ始めた用語である。この言葉を考案し、実践したのは、都市計画の専門家で建築家のクリストファー・アレグザンダーである。1960年代のことだ。彼はなぜそんなことをしたのか。

一つの理由は「都市とは何か」についての彼の見方であり、もう一つはそれを応用した都市計画の実践に関わっている。そしてそのいずれもがデジタル化の現在と深く関係する。

アレグザンダーは「都市はツリーではない」と言った。有名な言葉だ。つまり都市はプラモデルではない、と言ったのである。建物、道路、公園、タワー……そういう部品を足しても、それがそのまま都市になるわけではない。従って、都市計画とは、どこにタワーを建てて、公園はどんな面積で、銀杏の木が何本植わっていて、とか、道路は何車線にするかということだけではない、ということだ。ましてや、タワーや道路の設計図がそのまま都市計画なのではない。

それを超えて住民が求める暮らしのようなものがまずあるはずであって、都市をプロデュースするのであれば、それを考えなければならないというのが、アレグザンダーの都市についての考え方だ。ソフトウェアでいえば、ソースコードの足し算がアーキテクチャではない、ということと同じであり、システムが提供するプロパティがあって、その全体がアプリケーションのニーズを満たしているかどうかが大事だ、というフィールディングの主張とつながっている。

アレグザンダーがパターンランゲージを提唱したもう一つの理由は、実践である。彼は上記のような考え方をした上で、都市づくりへの住民参加をどう実現するか、ということを考えた。ここでも住民に都市計画図や完成予想図を見せて、「どうですか」と問うてもあまり意味はない。そこで、アレグザンダーは、住民が選択する意味があるレベルの経験を言語化・表現できないかと考えた。さらにそれをいくつかのパターンに細分化して、それを組み合わせることで、住民がその都市に求める生活や経験全体をイメージできないかを考えようとした。まさに経験をレイヤー構造にしようとしたのであり、かつ、システムを提供する側ではなく利用する側から見て意味のある、レイヤー構造を作ろうとしたのだ。

そのパターンを言語化し体系化したものがパターンランゲージだった。例えば、「街中のカフェ」というパターンだと、「街角にカフェがあり、人々はそこに気軽にくつろいで座り、通りを行き交う人や風景をぼんやり眺めることができる」といった感じのものである。そうしたものを２５３作り、パターンランゲージとして示した。

２０００年にフィールディングが論文を書いた時点では、パターンランゲージは通常ソフトウェアを設計するエンジニアがプログラムを書く場面で共有すべきパターンを指していた。フィールディングはそれを、より抽象化した場面、つまり、システムがどのようなプロパティ、属性を提供するのかを設計する場面で使え、その方がアレグザンダーの意図に近い、と言ったのである。時代が進み、サイバーとフィジカルが融合し、ソサエティー5.0へと向かういま、スマートシティなどの社会システムに求められる価値とソフトウェアに求められるプロパティは一体化しはじめている。従って、ソフトウェアの生み出すプロパティをベースとしながらも、アレグザンダーの本来の意図そのものに立ち戻ってパターンランゲージを考えるべき時代を迎えている。

グーグルが「サイドウォーク」と呼ばれるスマートシティの取り組みをトロントで計画したが、断念するに至った。その背景にある事情を筆者は知らないが、スマートシティを構想するとすれば、完成予想図のようなものを住民に見せるにとどまらず、アレグザンダーのようアプローチすることが必要になるのではないか、と考える。

アーキテクチャでは視点（view）という言葉も使われる。複雑なシステムはそれが実現する価値を評価する際に様々な視点がありうるということだ。スマートシティであれば、エネルギー効率、移動の便利さ、教育の質、高齢者への配慮、プライバシーの保護など様々な視点があるだろうし、それらを一つの軸で書くことはできない。それら複数の軸に分かれているものを、新たな横断的なレイヤーを作ることで、両立可能なパターンを探索するのも、アーキテクチャの機能である。そのときにおそらくアレグザンダーが実現しようとしたことがヒントになるはずだ。

この話は、企業で言えば、ステークホルダー資本主義ということと関係する。株主資本主義と対比されるもので、株主利益最大化以外の軸、ここでいうviewの事例を含めた様々な価値軸を総合的に捉え、それらを実現する存在として企業を考えようというものである。考え方としては以前からあり、例えば統合報告というのは、それを実現するための開示の試みである。それにいまもし新たな可能性があるとすれば、我々が会社を多面的なシステムとして捉えた上で、アーキテクチャという考え方を武器にして経営にアプローチすることであるはずだ。

時代の精神

ここまで説明したように、アーキテクチャとは、ビジネス、産業、社会を複雑な「ややこしい」システムとして捉え、それに対して人間（社会）が、ソフトウェアのロジックを基本において立ち向かうためのものである。アーキテクチャは、確かにソフトウェア、データサイエンス、ディープラーニングなどの様々な技術と関係するが、技術の詳細ではなく、そこに通底する考え方、ロジックが大事なのだ。第1章で「基本的なことがわからないと何もわからない」が、同時に「基本的なことさえがわかれば何でもわかる」と言ったが、アーキテクチャはこの「基本的なこと」に関わっている。

相互に関係するのでどこからでも始められるのだが、その「基本的なこと」をまとめてみるとこんな感じになる。化学プラントもスマートシティもデジタルマーケティングも会社も、データを使って駆動する複雑なシステムだと捉えるべきだ。それらのシステムは、データを価値に結びつけるという役割を果たすためにある。そのデータと価値とが結びつくメカニズムをかたちとして表現すれば、レイヤー構造になる。既存の部門タテ割りとは異なる構造だ。

アーキテクチャで考えるときには、これまでの思考法から離れる必要がある。決められたルールや、目に見えるモノから発想するのではなく、状態の差分で考える発想へ転換しなければならない。その差分を実現するものを「コンポーネント」と呼んでいて、その組み合わせを可能にするために「インターフェース」がある。それらは我々に「抽象化してからはじめて具現化する」思考をポイントポイントで実行させるためのものでもある。また、解決策を得るときに、何かのルールを固定してしまおうという発想ではなく、パターンを探りそれを組み合わせて解決策を作ろうという発想への転換が必要である。それを「アジャイル」と呼んでいる。そうすることで、我々がこれまでなんとなく設定していた線引き、垣根を乗り越えることができ、目に見えるモノに引っ張られることもなくなる。こうした発想の転換を体得するには、例えば料理のような身近な例に置き換えて考えるのが、おそらくわかりやすい。

こうしてアーキテクチャという武器を使うことで、新たなパターンを探求し、複雑なややこしい事象をこなして、多様な価値を実現することができる。

人工知能の最前線でディープラーニングが使っている仕組みも、基本的な理屈はそうなっている。違いは、レイヤー構造を人間が考えるか、それ自体をコンピュータに考えさせるか、である。そうした人工知能の実装までを視野に入れると、システムはデータを使って自己改良しながら価値を提供する仕組みになっていくということになる。生命体とかなり似たメカニズムである。

アーキテクチャを武器として、レイヤー構造を使うのは、業種やカイシャのような既存の枠組みに囚われないためでもあり、企業のメンバー間でコンテクストを共有して一々稟議・決裁を繰り返さないためでもある。さらには、環境と経済のような異なる評価軸を実践的に統合することにもつながるだろう。そしてそれを人間が使いこなし、「人間中心」であるためには、課題から考え、人間の実現したい価値を、おそらくは経験のパターンというかたちで表現して、システムの方向づけとしてインプットする必要がある。そのヒントになるのがパターンランゲージだ。パターンランゲージという考え方をさらに拡張すれば、おそらくそれは、社会を構成する個人、市民、ステークホルダーの側が、政府や企業の行おうとすることを、データを活用しつつパターンの組み合わせで「シミュレーション」することを可能にする、ということになる。政府や企業が一方的にデータを使ってシミュレーションを行うのが監視社会だとすれば、それを逆転させ、あるいは双方向にしよう、ということだ。そしてそこには、「データは誰のものか」という視点とはまた別の次元の、民主主義や参加に関する重要な視点が顔をのぞかせているように、私は感じている。

もちろん、レイヤー構造を作れば全てが解決するわけではない。その仕組みそのものが、これまでなかったような、例えばサイバーセキュリティやプライバシーといった複雑で解けない課題を作り出しているのだ、ということも言えるだろう。しかし、懐古的にこれまでのピラミッド構造やカイシャの論理に戻ってみても、そこに解決策が見出せそうにないことについては、多くの人が同意されるのではないか。小林秀雄の言葉をもじっていえば、「デジタル化はデジタル化でしか乗り越えることができない」ということである。そのこ

図表 7.2　IX時代の歩き方　正誤表

正	誤
課題から考える	手元にある解決策から考える
パターンを探る	既存のカテゴリー、ルールを当てはめる
アジャイルにこなす	要件定義をしっかり書く
抽象化する	目の前の具体に囚われ、さらに細分化する

とを含めて、おそらくアーキテクチャ、そしてそれが我々に求める発想は、単なる技術論を超えて時代の精神を体現している、と言えるのではないか。

なお、読者の理解の一助として、ここで述べたことを単純化し、「IX時代の歩き方　正誤表」というかたちでまとめておくこととする。（【図表7.2】）

時を超えるようなやり方を学ぶ

アーキテクチャは、単なる技術論を超えて時代の精神を体現していると言えるのではないか。実はフィールディングは、ソフトウェア・アーキテクチャ論を含む論文を書いた2000年に、おそらくそのことに気づいていた。それを示すのが、彼の論文の劈頭《へきとう》に掲げられているアレグザンダーの著書からの引用である。それはこんなメッセージだ。「ほとんど誰でも自然と接するとほっとするものだ。海岸に打ち寄せる波の音を聞き、静けさの湖のほとりや草原、風が渡る丘にたたずむようなときだ。もし我々が時を超えるようなやり方を学ぶことができるとしたら、我々は自分たちが住む街についても同じように感じることができるはずだ。」

フィールディングがこれに触れた意図は明らかだろう。それはソフトウェア・アーキテクチャについても、真のやり方を学ぶことができたのなら、自然のように人をほっとさせるような経験を与えることができるようになるのではないか、ということである。

こうして、アーキテクチャは、我々の街、暮らし、社会、そして政府のあり方とも関係し始めている。それについて次章で議論することとしたい。

第8章　政府はサンドイッチのようになる

前章までで、デジタル化の進展を通じてレイヤー構造のかたちをとったエコシステムが生まれ、サイバー・フィジカル融合を経てあらゆる企業がそれと関わるようになったということを説明した。そして、企業がそれと向き合うには、本棚に本を探すような感覚で臨み、アーキテクチャという手法を使ってアプローチすべきだ、ということも述べた。

他方、デジタル化は、企業、ビジネスを超える広がりがある。では、社会全体あるいはそのガバナンスという観点から見たときに、レイヤー構造のかたちをとったエコシステムをどう捉え、どう関わるべきなのだろうか。そのヒントになる考え方から議論を始めよう。

システムズ・オブ・システムズ

スマートシティのようなシステムをシステムズ・オブ・システムズ（ＳｏＳ）という。同じシステムの中に別の一定程度独立したシステムがあるという関係を指している。スマートシティであれば、交通システム、エネルギーシステム、医療システムといった分野別のシステムから構成されるという関係だ。

システムズ・オブ・システムズは、次のように4つの類型に分類されるのが一般的である。より上位のシステム（ＳｏＳ）が下位のシステムに対してどの程度のコントロール、指揮命令権を持っているか、という軸に沿った分類である。各類型の英語名を直訳した名称を使ってもわかりにくいので、ここでは、ＳｏＳ側の権限が強い順に、Ａ類型、Ｂ類型などと呼ぶこととする。

Ａ類型　英語で言うとdirectedであり、訳せば、集権型と言うことになるだろう。ＳｏＳに対して下位システムは独立したオペレーションを行うことが潜在的に可能だが、通常はＳｏＳの指示命令に従って、運営されている。

Ｂ類型　英語ではacknowledgedであり、認証型とでも訳せば良いだろう。ＳｏＳには目的があり、運営責任者がいて、運営財源もある。下位システムは、ＳｏＳとの間の合意に基づいて運営されるのだが、下位システム側にも独自の所有権、財源、目的があって共存している。フランチャイズ、ＥＣモールやアプリストアのようなものをイメージすれば良いのだろう。

C類型　英語ではcollaborative、協調型と訳すのだろう。下位システムは自主的にＳｏＳへ参画する・しないを判断する。ＳｏＳ側は規格を定め、それに従って下位システムがＳｏＳに参画することを認めるか否かを決める。インターネットがその例になるだろう。

D類型　英語ではvirtual。「見えざる手」型と言えるだろう。ＳｏＳ側には明示された目的も管理者もないが、下位システムの相互作用の結果として、ある種の秩序が立ち現れる、という特徴がある。まさに市場である。

今後、社会がデータとソフトウェアで駆動されるシステムだらけになり、かつ、システムどうしが相互に関係するようになるとすると、企業も政府も個人も何らかのかたちで、ＳｏＳと関わることになる。従って、このＳｏＳの四分類を下敷きにして、今後の社会のガバナンスのあり方や、政府の位置付けを議論することができるのではないか。それが筆者のアイディアである。

そうするとすぐに気づくことがある。Ａ類型を国家や法律のこと、Ｄ類型を市場のことだと考えれば、これまでのガバナンスの発想にはＡとＤの類型だけがあり、ＢとＣの類型についてはあまり注意を払わなかったということである。

メディアの議論がそうであるようにこれまでは「政府か市場か」「官か民か」と言う二分法的な理解が常道であった。しかし今後の社会、ソサエティー5.0のガバナンスを展望すると、ＳｏＳの分類で言うところのＢ類型やＣ類型の比重がどんどん増えると考えられる。Ｃ類型でインターネットが典型的な例としてあげられるのはその象徴である。このＡでもＤでもない中間類型の増殖が、ガバナンスという意味でのＳｏＳの「ややこしさ」の原因となっている。我々が慣れ親しんだＡかＤかという二分法的な考え方では取り扱いにくいからだ。

「政府か市場か」の二分論を超える

本書の冒頭で、シカゴ大学のスティーグラー・センターがデジタルプラットフォームについての報告書を出したことに触れた。本体は３００ページ以上もある報告書であり、ここでその内容に立ち入る余裕はないが、そのエッセンスを一言で言えば「(デジタルプラットフォームは）これまで見てきたものとは何か違う」という違和感の表明である。ここでの言い方に引き直せば、「ＡでもＤでもなさそうだ」と言っていることになる。デジタルプラットフォーマーのような存在を取り扱おうとすると、伝統的な経済学にはないガバナンスのモードにも目を向ける必要があるということを示している。

向きは違うが、同様のことがサイバーセキュリティの分野でも起きている。サイバー・

フィジカル融合が進む中で、サイバー攻撃が重大な脅威であり、今後の産業、社会のガバナンスにとって、極めて大きな課題であることには、異論がないだろう。しかし、このサイバーセキュリティを具体的に検討していくと、多くの場合様々な規格の議論に逢着する。例えば、ISO（国際標準化機構）の規格であり、SP800シリーズという米国の政府機関NIST（国立標準技術研究所）が策定している規格である。これらの規格は官民のダイアログの上で策定されているもので、官民の中間領域にあると言える。我が国政府がサイバーセキュリティ対策を立案しようとすれば、どこかでこれらの規格と紐付ける必要がある。実際に経済産業省が策定した「サイバー・フィジカル・セキュリティ対策フレームワーク」は、サイバー・フィジカル融合が進む世界をレイヤー構造として捉えた上で、そうした紐付けを行っている。つまり、ここでも、官か民か、AかDか、というガバナンスのモードでは割り切れない、ということが起きている。

これらの事態にどう対処すれば良いのか。

結論を先に言うと、社会のガバナンスを考える上でも、経営と同様に、社会全体をレイヤー構造と見立てて、アーキテクチャと言う手法を武器にすべきだということだ。なぜならば、上記でB、C類型と呼んだ中間領域、そして産業組織論や競争法の学者が「見慣れない」「ややこしい」と感じるものの正体は、本書でずっと議論してきたこと、つまりデータを価値に結びつけようとすればそこに現れるレイヤー構造だからだ。そのレイヤー構造、つまりはB、C類型が、これまでの政府や市場（A、D類型）とは異なる何らかのコーディネーション機能を社会に対して提供していると言えるだろう。またそれを理解することを通じて、企業の場合にタテ割りの論理から脱却するのと同様に、「政府か市場か」の二分法からも卒業することができるだろう。そしておそらく、第２章で紹介した、故青木昌彦先生がコード化された知識、そうでない知識という視座から経済システムを比較分析しようとした取り組みの先には、そういう道があったのではないか、と私は勝手に思っているのである。

しかし、アーキテクチャを使って立ち向かうといっても、その具体的なあり方は、政府と企業経営とは同じではないだろう。政府はレイヤー構造とどう関われば良いのか。それに参考になる好事例がある。それがインドのデジタル公共基盤であり、「インディア・スタック」と呼ばれている。

インディア・スタック

私がインディア・スタックと出会ったのは、経済産業省でデジタル政策を担当していた当時、２０１８年の秋である。スタッフの人が作ってくれた「インドのデータ政策」のような資料の中に触れられていた項目の一つであった。そこに書かれていたことをきっかけにこのインディア・スタックに関心をもち、それに携わってきた人々と出会い、話を聞いて学ぶにつれて、そのもっている意味の深さに驚かされた。

しかし当時日本でインディア・スタックについて論じたものはほとんど皆無で、メディアでとりあげられたということも寡聞にして知らない。そこで、日本でもっと知られるべきであると言う思いのもとに、様々なセミナーや講演で紹介し、メディア関係者にも伝え、この構築に携わっているインド人を日本に招いて、説明会のようなものも開催した。しかし、残念ながら私の力不足で、まだ多くの人に知られているとは言い難い。

そうこうしているうちに、コロナ禍が発生した。コロナ禍で我が国政府のデジタル化の遅れが指摘されるが、実は英米でも同じである。そしてそのコンテクストで、参考にすべき先行例として取り上げられるのが、シンガポールやエストニアよりも、むしろこのインディア・スタックである。

もちろんインディア・スタックが完璧なものだというわけではない。インド国内でも批判がある。しかし、私から見ると、インディア・スタックは単なるデジタル公共基盤としてではなく、新しいガバナンスのアプローチとして「面白さ」に満ちている。そして日本が政府のDXをどう進めるかについて、これ以上のヒントになるものはないと考えている。その「面白さ」と「見どころ」を紹介するのがここでの目的である。

インディア・スタックは、まずその名の通りスタックであり、英語ではレイヤー構造と同義である。その一番基礎になっているレイヤーで、かつ最も世界に知られているのは、個人認証基盤であり、アダール（Aadhaar）と呼ばれる。個人識別子なのでマイナンバーのようなイメージであり、12桁の数字である。認証は生体認証（指紋と虹彩。最近顔認証も付加されたようだ。）を使って行われる。インド在住の人に対して、基本的には申請べースで発行され、既に発行を受けたのは12億人を超えるとされる。コロナ禍でワクチン接種が必要になり、接種を受けたかどうかを確認・管理する必要があるが、そこでもアダールが使われている。

10億人にオンライン給付できる仕組み

日本で行政のデジタル化の遅れが認識された契機の一つが、コロナ禍での各種給付金のオンライン申請・給付手続がなかなかできないことであったが、インドでこの仕組みの導入が行われた理由の一つも、（コロナ禍以前からある）給付金であった。インドには、燃料補助など農家等に対する様々な直接補助の仕組みがあるが、多くのインド人が銀行口座を持たなかったこともあり、アダールができる以前は、書類のやりとりと現金で給付を行っていた。それが、不正や中間搾取の温床になったらしい。正確な統計はないようだが、100の補助金を政府が支出しても、本来受給すべき人が受け取るのは８くらいだ、という人がいた。さすがに大袈裟なような気がするが、いずれにしてもデジタルベースの直接給付を行うことで、不当な受給分が削られ、財政的に大きなプラスがあったようだ。また、アダールを使うことで、一挙にインド人が銀行口座をもつようになった。２０１１年には人口の35％しか銀行口座を保有していなかったものが、２０１７年には80％にまで急上昇した。

しかし、インディア・スタックの本当の凄みは、アダール単体の機能ではない。その上に様々なレイヤーを乗せていき、そのレイヤー構造全体をデジタル公共基盤にする、という明確なアーキテクチャ意識があることだ。アダールの上には、e－KYC（サービス提供者がオンラインで顧客を本人認証しその基礎情報を確認できるもの）の仕組みが乗る。アダールは氏名に加えて性別、年齢、住所のほか、オプションでメールアドレスや携帯電話番号を登録することができるので、それを使って、オンラインで手続きをしているのが誰かという確認が容易にできる。さらに、「デジタルロッカー」という仕組みがその上に乗っており、それを使うと、政府発行の証明書等をオンラインで本人が入手・管理し、行政機関等それを必要とする相手先に送付することができる。それに電子署名の機能も加わる。第4章で示したユーザー軸からみたときのレイヤー構造を具体化したものだ、ということになる。

さらに、インディア・スタックでは、決済機能について、UPI（統一決済インターフェース）と呼ばれるメカニズムを導入した。これは、例えば新規参入して決済サービスを行うフィンテック事業者のシステムが、許可を受けた既存の銀行の決済システムに外付けして連動するように、インターオペラビリティを確保したものである。あらゆる口座を仮想化して、それにメールアドレスのようにアドレスを割り振ってその間で送金を可能にするようなメカニズムらしい。

これには深謀遠慮《しんぼうえんりょ》がある。まず、インターオペラビリティを提供することで、フィンテック事業者が参入しやすくなる。銀行が決済を独占し続けることを許さない、ということだ。と同時に、参入障壁をずっと低いままとすることで、例えばアリペイやグーグルペイなどの巨大事業者が独占・寡占を形成することを防ぐこともできる。また、消費者が直接目にするのは、フィンテック事業者が運営するアプリケーションサイトであっても、実際には許可を受けた銀行口座間の決済を経由するので、マネーロンダリングなどに対する対策と両立させることができるという。

そして、これらのレイヤーが重なった上に、医療、教育など、分野別のアプリケーション・サービスが乗ることを目指している。全体についてＡＰＩが確保されているので、全てのアプリケーションについて、アダール、ｅ－ＫＹＣ、電子署名、デジタルロッカー、決済といった下位のレイヤーにあるサービスのうち、必要なものをコンポーネントとして使いながら、アクセスすることができる。

ＧＡＦＡをサンドイッチで挟む

インディア・スタックについて、決済機能を中心に紹介・分析した国際決済銀行（ＢＩＳ）のレポートがある。そのレポートは、インディア・スタックの特色について、こう表現する。インディア・スタックは、レイヤー構造のアーキテクチャであり、破壊的イノベーションのメリットを規制フレームワークの中に取り込んだものだ、と。私はインディア・スタックが行っていることを全体としてイメージするには、むしろこう形容すべきだ、と考えている。それは、インディア・スタックはサンドイッチだ、ということだ。なぜそう言えるのか。

まず、大前提として、デジタル化とはスタック、つまりはレイヤー構造のかたちをしている、という認識を明確に持っている、ということである。我が国でも官民でデータ戦略が議論されることがあるが、その時に一番欠けやすいのがこのレイヤー構造についての理解、そして前章で紹介したアーキテクチャという考え方である。それを欠いた議論はどうなりがちなのか。データを標準化して連携すれば、いきなり価値ができる、というような議論である。料理で言うと、食材さえ集めればどんな料理でもできる、みたいな話である。そんなことはないということは、本書の読者であれば十分お分かりいただいたと思う。

次に、インディア・スタックには、そのレイヤー構造は既に具体的なかたちを持ったものとして世界的に成立していて、それと無関係に今後の行政サービスというものは構想し得ない、という考えがある。本書で使った言い方で言えば、白地図は既にある、と認識しているのである。その限りにおいては、今後経営者が考えるべき「本棚にない本を探す」と似ている。違いは、インド政府は、既存のレイヤー構造に新たなレイヤーを差し込むことで、全体のエコシステムがもたらす効果を変えようという明確な意図を持っている、ということである。それがインディア・スタックを、「本棚の本」ではなく「サンドイッチ」と形容する理由である。

ＢＩＳのレポートにある図表がそうなっているのだが、インディア・スタックは民間セクターで既に提供されているインフラの上に成立している。それはインターネットであり、スマートフォンの普及であり、フィンテック事業者の存在である。インド国内でも色々議論はあり、現状においてもオプションではあるが、個人識別子アダールの登録にあたっては、メールアドレスや携帯電話番号をあわせて登録することになっている。そうなると、メールアドレスや携帯電話番号がこれまでいう住民登録の「住所」にあたることになり、国ではなく民間が提供しているものがある意味で最も基礎的なインフラの一つを構成することになる。

他方において、そうしたＧＡＦＡなどの民間セクターがグローバルに提供しているサービスを一つのレイヤーとして認めながらも、そこにインド政府が設計したレイヤーを差し込むことで、全体として政策目的を達成しようとする明確な意図がある。個人認証で言えば、メールアドレスや携帯電話番号とアダールを組み合わせて、はじめて高い利用価値がある。決済機能のケースであれば、単純に民間セクターの機能に依存して規制緩和を行えば、あるいはフィンテック企業が決済機能を提供することになるかもしれない。しかしそれでは特定の決済プレイヤーが過度に独占的になる、あるいは、マネーロンダリング対策が有効に講じられなくなる、といった問題が生じうる。それを同時に解決しようという取り組みが上記で紹介したＵＰＩだ、ということになる。

アフターデジタル時代の公共財とは何か

もう少し一般化するとこういうことになる。それは公共財とは何か、という議論に関わる。伝統的な経済学の理解では、市場メカニズムでは十分供給されないが社会が必要とする財を、政府が公共財として提供する、と教えられる。その「十分に供給されない」理由は、一度作ってしまえばたくさんの人が利用してもすり減らないこと（非競合性）や、利用する人・しない人を区別するのにコストがかかるのでタダ乗りを防げないこと（非排除性）、として説明される。それらが公共財の要件だったわけである。

しかし、アダールやＵＰＩには別の要件がある。一つは、それが、すでにある民間のインフラが構成するレイヤーに溶け込むものでなければならない、ということである。簡単にいえば、スマホやメールアドレスを使ってアクセスでき、あるいは、ＵＰＩであればフィンテック企業のシステムと連動可能なものでなければならない、ということだ。と同時に、それは民間セクターでできたレイヤー構造を単に追認するものでもない。ＵＰＩであれば、インターオペラビリティを公共財として提供することで、競争環境を確保し、また、銀行口座と連動させることで、マネーロンダリング対策と両立させよう、という狙いがある。

つまりこの仕組みは、食パンの積み重ねという民間セクターの提供しているレイヤー構造が既にあって、それを否定しないが、その間に塗るためのバターやマスタード、挟むためのハムやトマトを用意して、それらを挟み込むことで、全体の味をコントロールしようという取り組みなのだ。それがこの取り組みを「サンドイッチ」と呼ぶ理由である。そしてこの「サンドイッチ」という考え方はおそらく、ＡとＤの２つの類型だけで議論してき

図表8.1　インディア・スタックはサンドイッチである

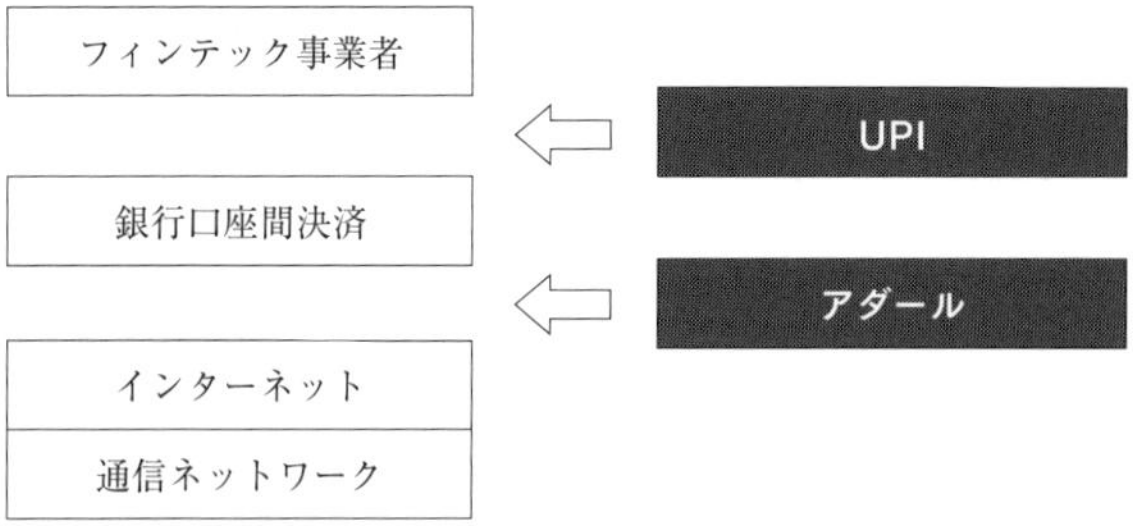

出典　BIS Papers No106 "The design of digital financial infrastructure: lessons from India"（December, 2019）の図をもとに筆者加工

た経済学の将来に対して、何らかの示唆をもつはずだ。（【図表8.1】参照）

インドのITエンジニアたちの決意

少し時間を戻す。２０１８年の秋にインディア・スタックのことを知ったときに、まず私が強く興味を惹かれたことがある。こんなにすごいことを考えて実行したのはいったい誰なのだろうか、ということである。そして程なく見つかった。それがｉＳＰＩＲＴという団体である。フルネームを直訳すると、インドソフトウェア製品産業ラウンドテーブル、という味気ない名前になるが、新興の団体で、ソフトウェア技術者がボランティアで構成している団体だ。彼らがインディア・スタックの設計を実質的に行っている。

　実はインディア・スタックも一朝一夕にできたものではない。このプロジェクトは現在のモディ政権の前の政権、すなわち現在は野党である国民会議派のマンモハン・シン首相が政権を担当していた2009年にスタートしたものである。最初はアダール単体のプロジェクトとして始まった。シン首相は、アダールを設計・実施するためのUIDAIという公社を作り、そこに民間からトップを連れてきた。それがインドのIT企業インフォシスの創業者の一人、ナンダン・ニレカニだった。シン政権からモディ政権に移行した時に、このプロジェクトは継続すべきだとモディを口説いたのも、ニレカニらしい。そしてニレカニをスタッフとして支え、アダールのみならずインディア・スタックという仕組みに昇華させたプロフェッショナル集団が、iSPIRTである。

iSPIRTにいるのはプロフェッショナル技術者たちだが、その一人がサンジェイ・ジェイン。出会った時に私は不明にして知らなかったのだが、UIDAIの開発責任者として上記で紹介した様々な政府のオープンAPIの開発に携わったが、それ以前にはグーグルマップの開発に関わった、世界的に有名なエンジニアである。サンジェイとそのチームに、「君らはなぜこんなことを無償でするんだ」と質問をした。日がだいぶん傾いたデリーのラウンジでのことで、今でも鮮明に覚えている。彼らが語ったことは何か。それは、インド人は世界的に見て間違いなくソフトウェアの分野の能力を持っていて、個人として活躍もしている。また、インドでも古くはインフォシスを始めIT企業を起業する人がどんどん増えている。しかし、インド人の能力に見合う成果があったとは言えない。それを達成するには、一つ一つのプロダクトを開発し売るだけでは不十分であり、エコシステム自体を変化させなければならない。それがインディア・スタックだ、というのである。

　もちろん彼らがそういう言葉を使ったわけではないが、本棚アプローチだけでは不十分で、サンドイッチを考えなければならない、という趣旨を語ったのである。また、このｉＳＰＩＲＴという団体自身が、インドの首相官邸と官僚組織（日本よりもはるかに省庁の数が多く、ある意味でタテ割りである）そして民間業界との間に自らを挟んで、全体としてプロジェクトが進むような役割を果たしているように見える。その意味でも彼らのアプローチは、「サンドイッチ」と形容するのが適切だと思う。

　さて、ｉＳＰＩＲＴの人々は、インディア・スタックのメカニズムを、個人認証システムを中心に海外に展開することにも取り組んでいる。それをＭＯＳＩＰ（モジュラー・オープンソース・ＩＤプラットフォーム）と呼んでおり、ＩＴ技術者の養成機関として日本でも注目されている、ＩＩＩＴ（国際情報技術大学）バンガロール校が運営している。

　その特徴は、モジュール型としていることである。基本的な安全性や、拡張可能性は確保した上で、具体的なコンポーネントは導入する国が選択することを可能としている。例えば、認証の仕組みを指紋にするか、虹彩にするか、あるいは生体認証でないパスワードのような仕組みにするかは選択可能である。また、インディア・スタックと同様に、そのＩＤシステムを一つのレイヤーとして、どのアプリケーションと連動させるかも、選択が可能である。

　また、オープンソースとしてソースコードを見ることができるので、透明性が確保されたかたちで、各国は導入と開発に取り組むことができる。加えてMOSIPは、マイクロサービスを利用して開発を行っているため、必要なモジュールだけを手直しし、かつ、開発環境から実装へとスムーズに移行できる。さらに、例えば指紋データなどのセンシティブなデータはオンプレミスに置き、計算機能はクラウドに置くなど、その組み合わせも導入側が設計・選択することができる。MOSIPはデジタル公共基盤の一部を各国に対して本棚の本のように提供しつつあるのである。

MOSIPはちょうど私がiSPIRTの人々と出会った頃に始まった取り組みである。当初からモロッコ、フィリピンなどが関心を示していたところ、コロナ危機によるワクチン接種の実施の必要性から、アフリカを中心に急速に関心が高まっているようだ。

ローカル経済圏のDX

さて、インディア・スタックからどのような学びが我が国のデジタル公共基盤にあるのか。

現時点でのインディア・スタックやMOSIPのような考え方と距離が近いのは、国よりも地方のデジタル化やガバナンスのあり方かもしれない。筆者は、冨山和彦氏とともに、日本経済を見るときには「グローバル経済圏」と「ローカル経済圏」に分けて捉えるべきだ、と考えてきた。モノやサービスの輸出入などを通じて世界とつながって経済活動を行う「グローバル経済圏」と、基本的には地域内に居住している住民を顧客とする地域密着型のサービスからなる「ローカル経済圏」とでは、大きくそのありようが異なるからだ。

特に人口減少下のローカル経済圏では、教育、医療、交通などの地域密着型のサービスを事業としてどう継続するかが大きな課題である。継続するには、各々のローカル経済圏の実情に応じて、資本の集約やサービス間の相乗り・統合を進める必要があるだろう。範囲の経済を実現した上である程度の地域独占を認めないと、サービス維持のために行う投資が回収できるかどうかが不確実になり、人口減少で市場の拡大が見込めない状況では、そうしたサービスに対して事業主体が積極的に投資を行わなくなるからである。

デジタル化の進展はこの「グローバル」と「ローカル」との関係に新たな切り口を与えるものである。つまり、ソリューションはローカルに、ツールは地域間で共有に、ということになる。具体的な内容はもちろん異なるが、考え方としては、MOSIPとそれを導入する各国との関係と同じである。ローカル経済圏に関して、スマートシティやスーパーシティの議論が進みつつあるが、それも本書で言うところの本棚理論で考えるべきだ、ということになる。

その出発点は、やはりローカル経済圏をレイヤー構造で捉えるということだ。スーパーシティの目的は域内データを共有することで、様々なサービス、住民に対するソリューションを創出することにあるが、データを価値・ソリューションに結びつけるシステムを、一つの事業者が垂直統合的・モノリシックに作り提供するのは、適当ではないだろう。まず、域内のデータ基盤というプラットフォームがあって、その上に、サービスのカテゴリー別にアプリケーションがある。かつ、そのデータ基盤、個別アプリケーションもいくつかのレイヤーやコンポーネントに分かれる。そしてそれらのコンポーネントは、個別の地域に特有のものではなく、「本屋の本棚」に並んでいるものを組み合わせたものだ。そのコンポーネント自体の独自性ではなく、組み合わせ方で、地域の特色を生かしたソリューションが生み出されることになる。

筆者は、これも冨山和彦氏そして増田寛也氏とともに、人口減少地域の実態を踏まえれば、地方公共団体と民間サービスの間をつなぐものとして「ローカルマネジメント法人」という新たな法人格を創設すべきだ、と考えてきた。それは、株式会社をベースとしつつも、地域コミュニティの維持や競争政策的な観点からのチェックを可能とするようなガバナンスをビルトインした法人類型を新たに創ることを指している。そうすることで、サービス類型毎に社会福祉法人などの法人格をいちいち取得することなく、地域内で必要なサービスを総合的に提供することを可能にしようとするものだ。

こうした地方公共団体と民間サービスとの間をつなぐ中間的な法人格は、上記のようなスーパーシティをはじめとする地域のデジタル基盤を確立する上でもその必要性が高まっている、と考えられる。サービス提供者が利用する共通のデータ基盤を地方公共団体が直接構築・運営することは、ノウハウの観点から困難であり、民間に委ねる必要がある。他方、こうしたデータ基盤の構築・運用を行う主体は、場合によっては住民の個人データを取り扱う必要があり、特に住民からの信頼が得られるようなガバナンスの下に置かれる必要がある。さらに、データの利用が事業主体を超えて行われる（例えば病院の混雑状況のデータを交通サービス側が利用する）となると、デジタル基盤に関わるどの投資についてどのサービスから回収するかについては、ローカル経済圏内の主体間で合意することが必要になる。そうした合意の達成、投資の回収、さらには住民との間の信頼の確保の観点からも、プラットフォームとなるデータ基盤を提供する主体は頻繁に入れ替わることなく、かつ一定のガバナンスの下に置かれる必要がある。いわば「スマートローカルマネジメント法人」のようなものが必要だ、ということである。

ジャパン・スタック

以上でインディア・スタックの取り組みには、地方のＤＸへのヒントがあることを述べた。では、国全体としてはどうだろうか。私は、インディア・スタックのように政府全体の機能をレイヤー構造で捉え直した上で、さらに発展させ、かつ上記のような地方での取り組みと組み合わせることができれば、いわばジャパン・スタックと呼んでも良いようなものを構想できるのではないか、と考えている。

インディア・スタックがカバーしている領域は、現在のところ、政府が提供する公共的なサービスに関する分野、つまり、住民登録、電子署名、公文書の個人管理、決済、医療データへのアクセスなどである。しかし今後は同様の仕組みが他の政府活動をカバーするようになり、やがては、政府全体をレイヤー構造、サンドイッチとして捉えるような時代が来ると予想される。

今後レイヤー構造に加わる可能性の高い分野が、規制領域である。インドは既にドローンの飛行に関して、デジタルスカイと呼ばれる政策を立案し、実施に移りつつあるようだ。その政策の下では、インドで飛行するドローンは、管制当局が配布するアプリケーションソフトをインストールすることが義務付けられる。そのアプリケーションを利用するドローン運航者はアダール等で認証を受けて、飛行区間と日時を登録すれば、レッドゾーンと呼ばれる飛行禁止区域を除き、自動的に飛行許可を受けることができる。インド政府としては、これによって海外製のドローンを排除し、国産を振興する意図もあるようだ。

アプリケーションを直接政府が開発・配布するやり方が良いかどうかは措くにしても、サイバー・フィジカル融合の下では、全てのシステムがソフトウェアとデータで駆動するので、あらゆる安全規制にはソフトウェアの認証が不可欠になる。するといくつかのことが起きる。まず政府がソフトウェアを認証し、それをチェックする能力を持たなければならない、ということである。（もちろん、国際的な規格があったり、その認証を行う機関を認定するという場合を含む。）また、そのソフトウェアは、クラウドに実装され運用されるようになる。すると、個々のソフトウェアの機能だけではなく、それがクラウドで運用される際の環境、さらにはソフトウェアが開発される環境、その際に用いられる開発ツールに対する理解が、規制当局側に不可欠になる。

また、ソフトウェアに移行するということは、安全規制はこれまでのタテ割りのラインには従わなくなる。ダイセルの事例で見たように、化学プラントのオペレーションをシステムとして捉えようとすると、同様のロジックで稼働する他の製造業のシステムと共通のものが出来上がり、いくつかの共通のコンポーネントの組み合わせとして既存の業種の垣根を越えて工場が捉えられるようになる。同様のことが工場以外のシステムにも広がっていく。なぜならば、画像認識などをもとに対象を常時観視し、パターンを学習しながら、異常を検知し、システムの稼働を安定化させる、というように抽象化すれば、それが工場か、自動車が、ドローンか、という区分とは関係なく、共通化できるものが増えていくからだ。同じコインの裏表なので、同様のことが安全規制の側でも起きるはずだ。その結果、従来の業種区分、省庁の境界とは別の、新しいレイヤー構造とコンポーネントの組み合わせができることになるだろう。そして、その共通のレイヤー構造とコンポーネントを使いながら、分野ごとの安全規制が行われるようになるだろう。それがタテ割りに代わるヨコ割りのロジックだ。

このように規制の内容そのものをアーキテクチャからアプローチし、レイヤー構造として組み替えるのが、デジタル時代の規制改革である。マイナンバーを使ってオンラインで手続きを行うというのは、重要な一歩ではあるが、その入り口に過ぎない。今や規制改革と行政のデジタル化は、全く同じ一つのものを別の言葉で表現しただけのものだ、と考えた方が良い。

もちろん、ソフトウェア・ベースになると言っても、安全規制には引き続き「法」が関わることになる。国際的にも、技術の進歩・変化が激しい時代に、法は詳細を定めるのではなく、一般的なゴールのみを定める「ゴールベース」であるべきだという議論がある。筆者もそれに異論はない。しかし、それだけでは問題の解決にならない。将来の安全規制は、法とソフトウェア・アーキテクチャの両ばさみ、ダブルバインドになると理解すべきだ。

ＳｏＳというアプローチに戻って考えれば、今後の規制には、Ａ類型と組み合わせるＢ、Ｃ類型のガバナンスモードも必要になる、と言っても良い。後者の理解抜きに、前者だけを議論しても意味がない。決済の事例で言えば、例えば独占禁止法や犯罪収益移転防止法に目的のようなものを定めるだけで、ＵＰＩのようなメカニズムをレイヤー構造の中にビルトインする知恵がなければ、実効性がないのと同じことである。

この規制を中心としたと法とアーキテクチャとの関係を含めた今後のガバナンスの在り方については、私も立ち上げに関わった「ソサエティー5.0における新たなガバナンスモデル検討会」で、東京大学大学院の柳川範之教授を座長、同じく宍戸常寿教授を副座長として、議論が行われてきている。「ガバナンス・イノベーション」という新たなコンセプトを掲げて、２０１９年12月に第１弾の報告書を出し、世界からもそれなりに注目されたが、さらに深く包括的な議論をした第２弾を２０２１年２月に公表した。関心のある方は、是非参考にして欲しい。

アーキテクトの梁山泊をつくる

もう一つ宣伝をしたい。

今後の政府は、法とアーキテクチャのダブルバインドになり、その設計・運営にはソフトウェア・アーキテクチャの理解が不可欠になる。そういう問題意識の下に作られた組織が「デジタル・アーキテクチャ・デザイン・センター」（DADC）である。2019年秋の臨時国会で「情報処理の促進に関する法律」を改正し、同法に基づいて運営されている独立行政法人の情報処理推進機構（IPA）に2020年5月に設置された。第7章の冒頭で紹介した中西経団連会長の講演は、実はこのセンターの設置に向けたいわばプレイベントでのものである。そして新組織のトップには、日立製作所で中西会長とともに様々なシステム開発に携わり、ファナックの副社長である齊藤裕氏が就任した。

センターのミッションはいくつかある。一つは、上記のように、規制も公共サービスも、ソフトウェア・アーキテクチャをベースとしたものになっていくことは疑いない。しかし、その専門家は日本全体としても数少ないし、ましてや霞が関にそうした専門家がいるわけではない。各省庁の依頼を受け、密接なコミュニケーションの下で、同時に省庁のタテ割りを越えて、こうしたアーキテクチャを設計すること、それが第一のミッションである。

第二に、これらのアーキテクチャ設計は官民の中間領域、つまりガバナンスモードで言うと、BかCの類型になるわけだが、仮に民間主導でこうしたアーキテクチャデザインを進めるにしても、個社の利害が関わる領域である。従って、特定の民間企業がこれを担うというわけにはいかず、一種の行司役が必要となる。そうした役割を果たすのがセンターの第二のミッションである。最後は人材育成である。アーキテクチャ人材＝アーキテクトは官民ともに不足している。と同時にこうした人材は座学だけでは育たない。実際の開発プロジェクトを幾つ経験したか、しかも分野を超えて多様なプロジェクトを幾つ経験したかで、その成長が決まる。そうしたいわば武者修行の場を提供するのもセンターの役割である。

このセンターに官民から武者が集い、省庁間、官民や産学の垣根を越えて、様々なアーキテクチャ設計に携わり、ゆくゆくはＩＸの実現と霞が関のあり方の転換の触媒の役割を果たすようになること、そしてソサエティー5.0を支えるジャパン・スタックのようなものを実現することに貢献することを、念じてやまない。

第9章　トランスフォーメーションの時代

いま何か決定的な変化が起こりつつある。それが本書のスタートラインであった。その決定的な変化は、ここ数年の突発的な出来事によって引き起こされたものではない。かつてから積み重なってきた変化がいまある水位に到達し、会社、ビジネス、産業、社会のあり方を次々に転換し始めている。

その変化とは、デジタル化であり、その起源を辿れば、少なくともアラン・チューリングの時代、ひょっとするとエイダ・ラブレスの時代にまで遡ることができる。その積み上がってきたものとは、ゼロイチしか理解できないコンピュータの物理層を基礎として、その能力を人間の実課題の解決につなげようという、取り組みの積み重ねである。そしてそ

図表 9.1　レイヤー構造

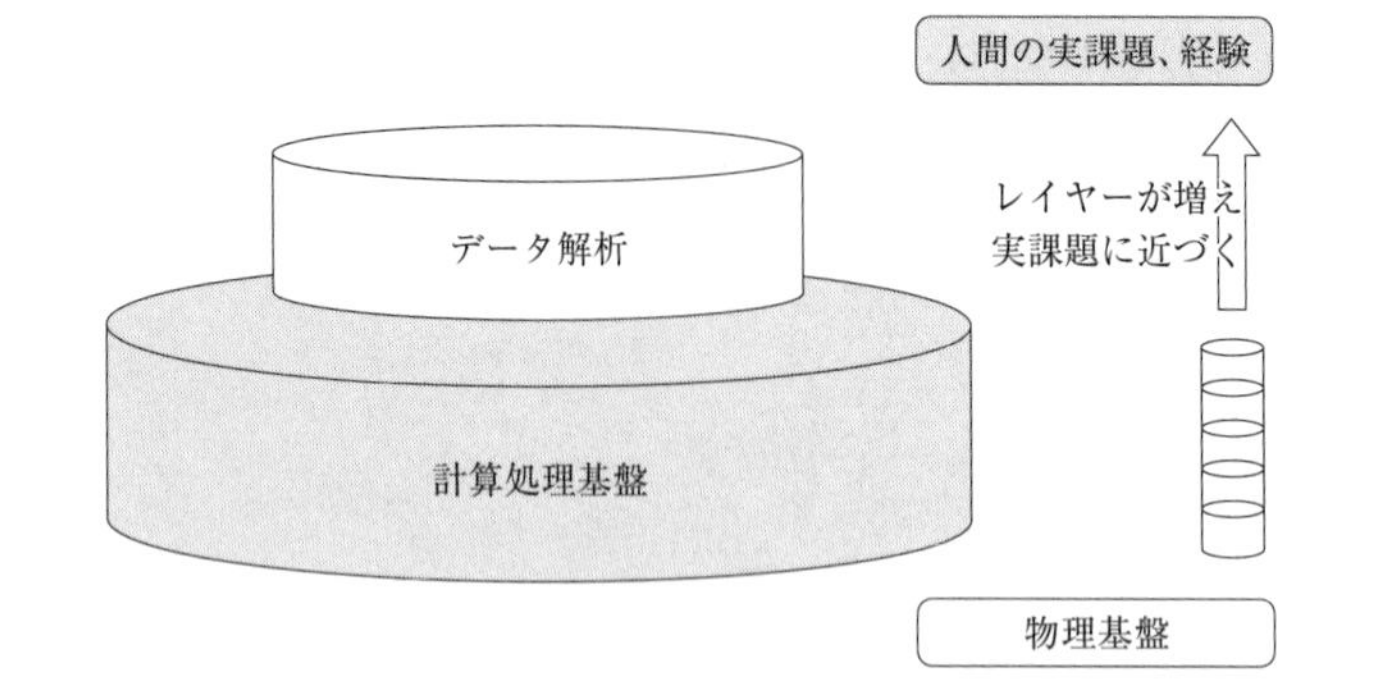

れは、「これさえやってしまえば全部一気に片付いてしまうのではないか」という挑戦が生み出したものである。積み上がってきたものなので、文字通り、階層をなしており、レイヤー構造をしている。それはソフトウェアが持っているかたちである。

それはレイヤーのかたちをしている

もう少し近づいてみて、これまで積み上がってきたレイヤーを図示すれば、【図表9.1】のようになる。上下2段のウェディングケーキのようなかたちだ。下段は計算処理能力を支える層であり、上段は大量のデータを分析するデータ解析の層である。アリババが提供しているインフラのかたちだが、一般化しても同じことが言え、クラウドサービスはそのようなかたちになっている。その二つを合わせることで、ソフトウェアのアウトプットが、人間がどのような経験をしたいかという実課題と直接接するようになった。水位が閾値《いきち》を超えたのである。その結果、ソフトウェアが生み出すものが、我々の経験の多くの部分を構成し始めている。電卓にも使い勝手の良し悪しは間違いなくあっただろうが、いま「UXが大事だ」とことさらに言われるのは、それ故である。

二つの層はそれぞれがさらにいくつものレイヤーから出来ている。この上下二つの層は、並行して成長し、いまの水位になったのだが、あえて前後関係を強調すれば、まずムーアの法則で半導体の計算能力が急上昇する段階があり、それによって大量のデータ処理もディープラーニングを使った学習の繰り返しも可能になった。それを見越したように発達したのがインターネットで、世界中の大量のデータがインプットされ、共有されることになった。さらに現下のＩｏＴの動きによって、インプットされるデータの裾野が広がり、また、５Ｇシステムで高速大容量の無線通信が可能になることで、データ量はさらに加速度的に増加している。

レイヤーが重なって臨界点を超えた

水位が閾値、臨界点を超えたことで、二つの波及が起きている。一つは、コンピュータ・ソフトウェアが担う範囲、あるいは、サイバー空間が、これまでのようにインターネットを利用するパソコンやスマホのなかだけに閉じ込められることがなくなった。ＩｏＴを通じて様々なデバイスが互いにつながり、社会システム全体に浸透していっている。その結果、ビジネス、産業、社会のかたちを、ソフトウェアに近いかたちに変貌させようとしている。それがタテ割りの打破を可能にしている。

もう一つの波及は、IoTと機械学習そしてその最先端であるディープラーニングとの組み合わせである。それによって、人間の作ったシステムが、データを環境から読み込んで、それを元にシステムが自ら判断し、システムを環境に最も適合するように（例えばプラントの不具合を減らし、あるいは視聴経験を改善するように）自己改良する可能性が開けている。生命体の基礎にある細胞は、周辺の環境の状態を予測しつつ、環境に対して働きかけを行い、細胞内部のエントロピーの増大を防ぐ（簡単に言えば生命を維持する）メカニズムを実行しているとされる。人間の作ったシステムが、その生命体に近いメカニズムを体現し始めているのである。

この二つの波及があわさったものが、サイバー・フィジカル融合とよばれるものであり、第４次産業革命、ソサエティー5.0の中核をなしている。そしてそれを比喩的に言えば、「ソフトウェアが世界を食い尽くす」ということであり、「会社はアルゴリズムで動く」ということでもある。これを図で表現したものが【図表9.2】である。

技術が変わり、発想が変わり、システムが変わる

この波及の全体像を別の角度から表現すると、【図表9.3】のようになる。技術と発想・ロジックそして産業や社会のシステムの三つの要素の相関関係である。この関係を説明す

図表 9.2　デジタル化が臨界点を超えた

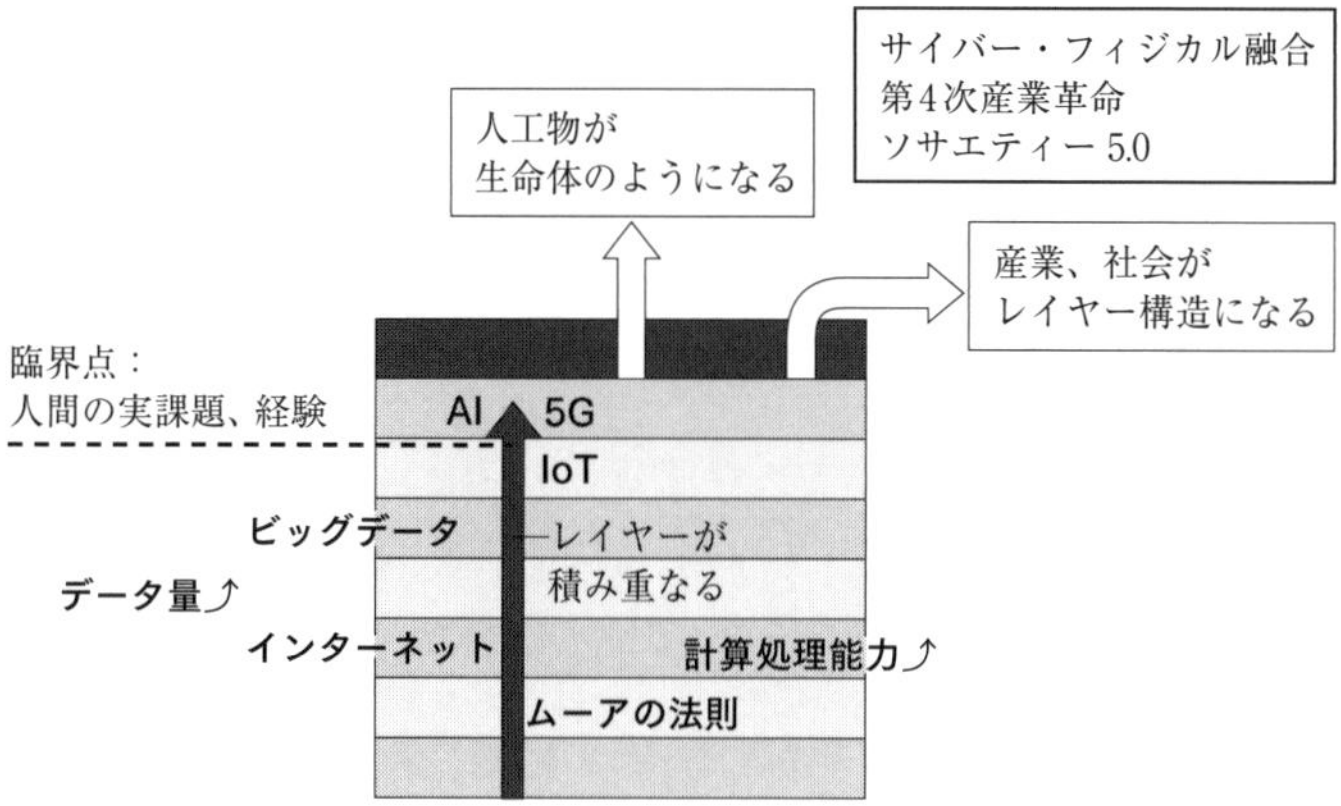

図表 9.3　デジタル化の相関関係

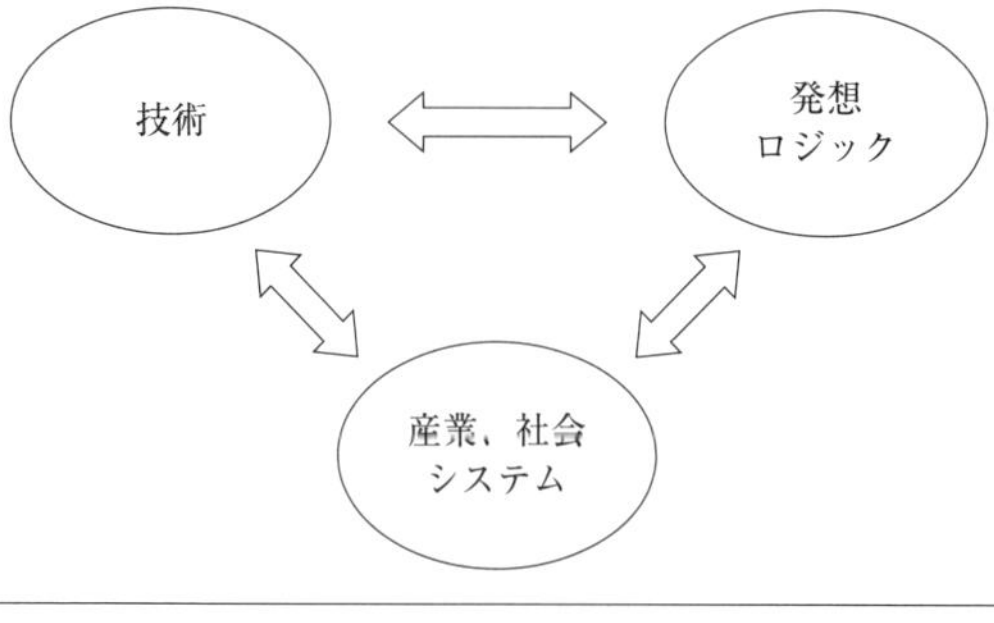

るには、技術の発達から始めるのがわかりやすいだろう。関係する技術は、半導体、ソフトウエア、インターネット、データサイエンス、ディープラーニング、クラウド、マイクロサービス、ブロックチェーン、量子コンピュータ、5G等々、挙げればキリがない。それらが計算能力、処理加工が可能なデータの量を向上・拡大させて、ゼロイチの物理的な処理と人間の実課題や経験とが連結するまで、サイバー空間の水位を押し上げた。

しかし、本当のスタートラインは、「これをやればなんでも一気に解決してしまうのではないか」という人間側の発想であり、ロジックである。エイダ・ラブレスに始まり、アラン・チューリングもクロード・シャノンもビル・ゲイツもラリー・ペイジもセルゲイ・ブリンも、そう発想した。彼らが推し進めた抽象化の持つ破壊力が、今日の世界をかたち作っている。

そして、彼らの発想と技術とがもたらしたサイバー・フィジカル融合が、ビジネスのありよう、業種を問わず産業全体のありよう、そして社会のありようを変えている。また、これらのシステムのかたちが変わることで、ビジネスを起こし組み立てて競争するときの流儀、あるいは、行政を組み立ててサービスを提供し、必要な規制を行うための作法、いずれにも抜本的な変化が求められている。そしてそのことがまた、それらに関わる我々人間の発想やロジックの転換を促している。それが今起こりつつある決定的な変化である。

これからのビジネスには白地図がある

ビジネスに近づこう。多種多様な技術が、急速な変化を巻き起こしていて、次々に新しい情報やニュースが発信される。どこから手をつけて良いのか。そう感じている人は多いと思う。

しかし、この時代には明白な白地図のようなものがある。それが私の主張である。その白地図はレイヤー構造のかたちをしている。ゼロイチの物理層から人間の実課題に向かって積み上げられたレイヤーである。大まかに分ければ、計算処理基盤とデータ解析の上下二層に分かれる。さらに、レイヤー構造が積み重なって、ビジネス、社会システム全体に浸透した結果、そのシステムに人間がどう関わるのかが重要になり、そこに別のレイヤー構造が現れつつある。その二つを区別すれば、もともとあった上下二層のレイヤー構造がサプライヤーから見たレイヤー構造であり、いま現れつつあるレイヤー構造は、ユーザーから見たレイヤー構造だ、ということになる。もちろん両者は関係しているが、例えば、プライバシーをどう考えるか、インクルージョンをどう考えるか、国や地方を含め社会全体の意思決定をどのように行うべきか、という観点からより重要なのは、後者になる。インディア・スタックが体現していること、アレグザンダーがパターンランゲージで目指したのは、それである。この二つの軸を合わせて示したのが【図表9.4】である。

そして、いわゆるGAFAの戦略は、このレイヤー構造の発展の中で、より全体に決定的な影響を及ぼしうるレイヤーを自ら創出し、それを押さえるということで展開されてい

図表 9.4　IX時代の白地図

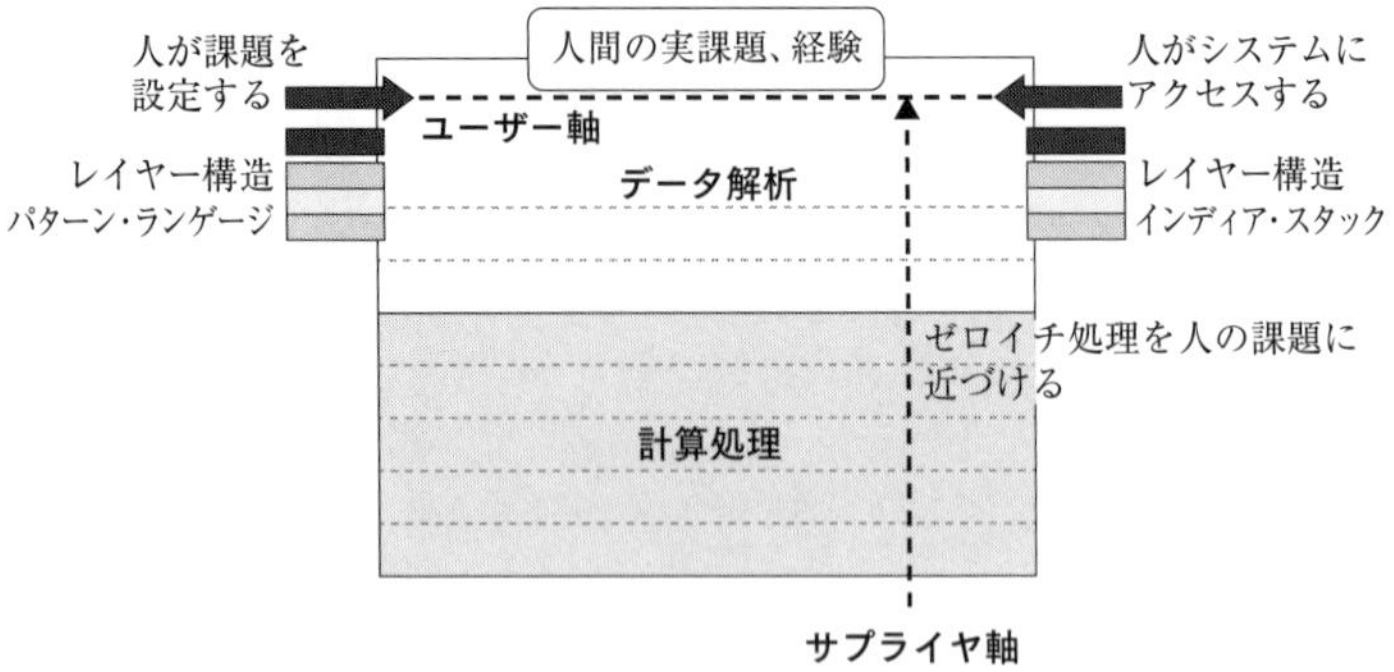

る。従って、「データを囲い込むのがGAFAの戦略だ」というように単純化するのは、間違っている。あくまでも全体のレイヤー構造の白地図を踏まえた上で、彼らが達成しようとしていることを見極めるべきである。

経営者は本屋の本棚をまず見るべきだ

日本企業の立場に立った時に、経営者はどうすべきなのか。それが、「本屋にない本を探す」ということである。レイヤー構造が積み上がったということは、どのようなビジネスに取り組むにせよ、そのビジネスに関係するソフトウェアが相当程度すでにプロダクトとして存在している、ということになる。そのプロダクトは多くの場合クラウド上で提供されるSaaSのかたちをとっているだろう。

従って、DXのスタートラインは、自社のシステム構成を理解することではなく、まず本屋の本棚の前に立って、その本棚を見渡して、それで自社のビジネスをどう組み立てるかを考えることであるべきだ。自社のシステム構成や業務フローの最適化から発想すると、自社の置かれた競争環境＝白地図を見失うことになる。また、本棚を見渡すのは、単に既にあるプロダクトを使って他社と共通化すると、割り勘になってコストが下がり、またスケールも自由に変更できるので、そのメリットを享受しよう、ということだけではない。「本屋にない本」を探すことが、あなたのビジネスが価値とソリューションを生むための一手であり、あなたの企業がプラットフォームになるきっかけでもあるからだ。そしてそうすることが、業種という考え方から卒業することにもつながる。ネットフリックスやワシントンポストがやったこと、そしてコマツやダイセルが実行したことも、そういう視点で見るべきだ、というのが私の主張である。

その本棚を図示したものが【図表9.5】である。縦軸は、上がより顧客の実課題に近く、下がゼロイチで処理される物理層に近い。横軸は、左が開発段階にあるものであり、開発が進むにつれて、カスタマイズされたサービスの段階から、プロダクトの段階へと、右側に移っていく。本書で「本棚」と言っているのは、この図表の中の右側の列だけを取り出したものを指している。

日本の産業全体として考えても、同じことが当てはまる。本屋の本棚にない本を探し、

図表 9.5　本棚にない本を探す

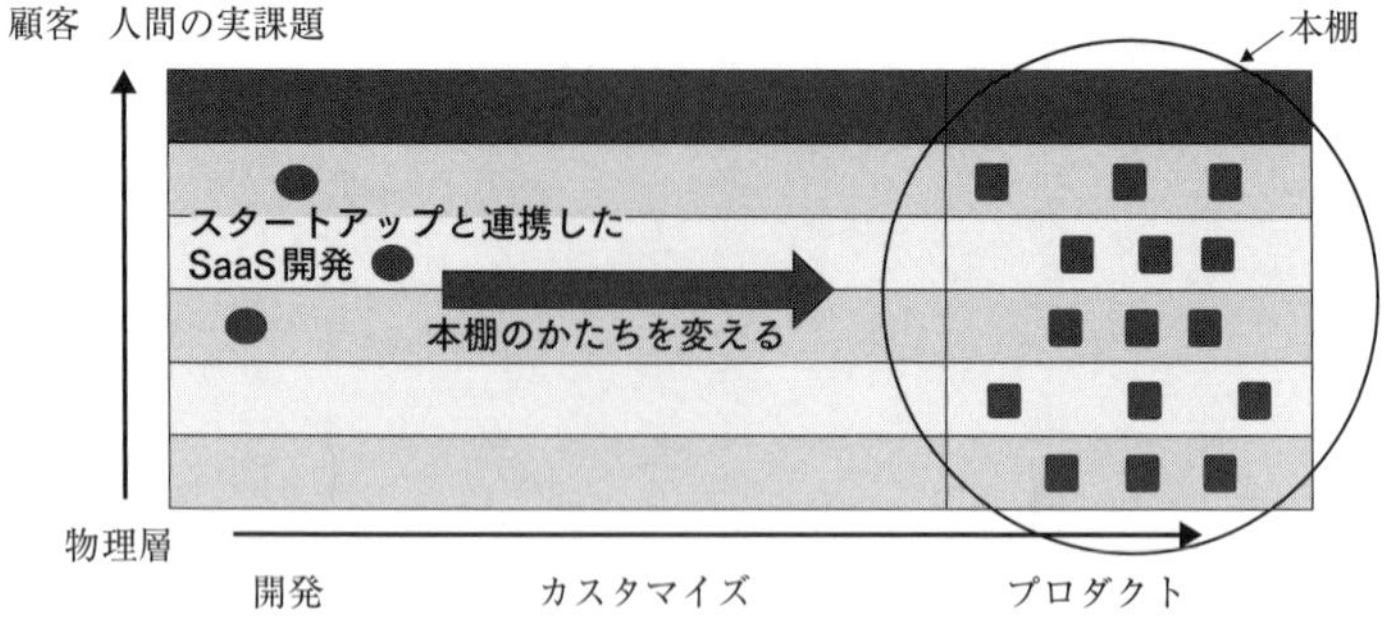

出所　Simon Wardley "Wardley Maps" の図表を参考に筆者作成

自ら作り、ＳａａＳなどのかたちで世界に提供し、それで本棚を次第に埋めていく。さらにフィジカル側の技術とも組み合わせて次第に本棚自体のかたちを変えていく。我々日本の産業に与えられた機会はそれしかないはずだ。そして、いま盛んになりつつあるスタートアップ企業が活躍して、それが日本の産業の革新、ＩＸにつながるとすれば、そのＳａａＳをスタートアップ企業と大企業とのパートナーシップのもとに作る。それしかないはずだ。

ＩＸ世代のリーダー選抜試験

ＩＸ時代の歩き方。それは、白地図を理解し、本屋にない本を探すことだ。

同時に、白地図の上を歩くには、コツがある。それが【図表9.3】の「発想」「ロジック」であり、それを身につけているかどうかが、我々の白地図の上での行動の成否を左右する。そしてその「発想」「ロジック」は、これまでのカイシャやタテ割りのロジックと相容れない。野球からサッカーへという表現で喩えようとした話だ。そのＩＸ世代に必要な発想をあなたが身につけているか。テストはたった3問である。

テスト① 課題から考える　解決策に囚われない

課題が与えられたときに、それは本来的に何を解決することを指しているのかを考える、ということである。課題のさらに奥にある課題を考える、と言っても良い。テッド・ホフがマイクロプロセッサの設計・生産をビジコンから依頼されたときに行ったことである。これをテストするのは簡単だ。あなたは、「部下が持ってきた解決策をあれこれチェックして手直しし、その足し算をしようとする」か、「課題を自分で理解し、自分の言葉で部下にそれを伝えようとする」か、である。

テスト② 抽象化する　具体に囚われない

我々は日々多面的な要素が絡まり、不確実性の高い「ややこしい」事態に当面している。それに対処するのに、「ややこしさ」をさらに細分化し、場合分けをし、工程表やチーム編成表を作ってみても、一層手に負えなくなるだけである。いきなり具体の方向には行かず、まず抽象化すべきなのだ。これをテストするのも簡単だ。あなたがビジネスで当面する事態について、「難しい話だから、関係する部署ごとに分担して具体的なファクトを集めて持ち寄ってくれ」というか、「今起こっている事態は、自分の経験してきたこと、見聞きした話だと○○に似ている。従って、次の三つがポイントになると思うが、君らはどう思うか。」というか、がテストである。

テスト③　パターンを探す　ルールや分野に囚われない

「ややこしい」ものを捉え、それに働きかけるには、武器が多い方が良い。その武器が役立つ「パターン」であり、それをあなたの中にどれだけ持っているか、それがＩＸ時代に問われるあなたの経験値だ。特定の仕事を長くやったかどうか、特定の分野に詳しいかどうか、ではない。複数の分野、複数の組織を経験した人間の方が武器は多いはずだ。ましてや前例などの世にあるルールに頼ることは武器にならない。この本を読み終えたあなたが、「さらに深めるにはもっとＤＸ本を読もう」と思うか、「どうも他の分野にもヒントがあるらしいから、たまには学生時代好きだった○○でもういちど勉強してみよう」と思うか、さらには「転職や子会社出向も悪くないな」と思うか、がテストである。

いま日本の企業そして行政のリーダーが問われているのは、この三つの問いにどう答えるかであり、正しく発想できるリーダーをどう育成・選抜するか、である。

いろは坂を辿る

第7章で、アーキテクチャは時代の精神のようなものだ、と述べた。本書を締め括るにあたり伝えたいことも同じ点だ。

決定的な変化が起きつつある。それをもたらしているのは様々な技術であり、それらへの理解は欠かせない。しかしおそらくより根底にあるのは、我々が持つに至った新たな発想であり、ロジックである。本書でソフトウェアの持つロジックを武器にすると言ってきたが、本当はそのロジックを表現しているのがソフトウェアだというのが、より正しい。

抽象と具体を行き来し、そしてパターンで物事を捉える。前者は異なる次元を跨いで考え、後者は分野を跨いで考えるための手立てだ、と言える。そしてそれらを使って人間が持つ課題に挑む。それが新しい発想、ロジックだ。

それらを合わせれば日光のいろは坂のようになる。

いろは坂は折り返しの連続だ。折り返しは何のためにあるのか。それは次の高みに達するためである。カーブを曲がるたびに我々の見る景色は大きく変わる。登れば遠くまで広く大まかに眺めることができる。下れば狭い範囲がはっきりと見える。抽象と具体との行き来も同じことだ。行き来することで、我々は世界を違う見方・次元で捉えることができ、それを組み合わせることで、複雑なものの全体を理解することができる。

そして、そうしたことを「いろは坂のようだ」と考えるのが、パターン認識である。もちろん、いろは坂を実際にドライブしたからといって、例えば、エルブジのレストランに到達して、料理の数々を味わえるわけではない。しかし、いろは坂のカーブを曲がって新たな高みに達することは、エルブジの例で言うと食材とテクニックのレベルから一段上がって、料理のレベルに至るようなものだ、と言われると、ああそういう感じのことなのかな、自分の経験してきたことのなかにもそんな感じのものがあるな、という何かのヒントがあるはずだ。それがパターン認識である。

さらに、人間の課題は次々と生まれるので、実際のいろは坂とは異なり、曲がり角の数に限りはなく、決まった終着点もない。ただしひょっとしたら、いろは坂と命名した人は、そこまでも見通していたのかもしれない。それは、いろは歌にある「有為の奥山」の有為とは、仏教用語で、変化し続ける無常を指すからである。

さらに、私から見ると、これと同じような発想で対象を捉え直すということが、生命科学（エピジェネティックス）や数学（圏論）や物理学（量子力学）でも行われていて、それぞれの分野で決定的な変化をもたらそうとしているように見える。本書の範囲を遥かに超えるので、ここで具体的に論じることはできないが。

そして、次元と分野を跨いで物事を捉えることが、我々の生きていく時代の特徴なのだとしたら、それは求められる発想自体がトランスフォーメーションを内包していることを意味する。そう考えれば、形容抜きのトランスフォーメーションの時代だと言って良い。

コーポレート・トランスフォーメーション、インダストリアル・トランスフォーメーション、デジタル・トランスフォーメーション。一体いくつあれば気が済むんだ。そう思ったにもかかわらず、ここまで本書を読んでいただいた読者もおられるかもしれない。それには上記のような理由があるというのが、私なりの回答だ。

そして、我々は新しい発想とロジックで、我々が生きている世界をより深く知り、それに深く関わろうとしている。今の時代に我々が取り組もうとしているのは、おそらく探索を通じた深化なのである。

あとがき

子供の頃から運動が苦手だった。小学生のとき、クラスの中で最後まで逆上がりができず、担任の先生に迷惑をかけた。ようやくできたときに思った。ああ、逆上がりってこういうことなのか。自分が想像していたのとは違うし、それが分かればもっと早くできたかもしれない、と。

高校生になった頃、数学が得意ではなかった。そのうちに数学Ⅲというのが始まった。私は文系に進んだので、受験には不要な科目だった。極限という概念や微積分を扱うものだ。それらは結構得意だった。そして思った。ああ、数学ってこういうことなのか。それが分かっていれば、数学好きになっていたかもしれないな、と。

時を経て2007年に経済産業省の産業構造課長というポストについた。辞令をもらった日に決めたことがある。新しい産業構造論を考えてみよう、ということだ。当たり前に聞こえるかもしれない。しかし、産業構造というのは高度成長期によく使われた概念で、次第に後景に退いた。名前としては残ったが、産業構造課は会社でいう新規事業課のようになり、ベンチャー支援などその時々のテーマを担当するようになっていた。

産業構造の検討を通じて感じたことがある。「業種」「ものづくり」という考え方が足枷になることだ。それを取り払うと景色が変わり、色々な気づきがあった。気づきは当然業種を超えるものであり、また、産業とは一見遠い分野（例えば美術）からもヒントがあった。そして、産業や経済の先行きが少し見通せるような気がした。さらに、もっと十分に深く考えることができれば、物理のメカニズムのように端的に表現できる何かにたどり着くはずだ、という予感がした。

同時に、リーマン危機前で表面的には好調な日本の産業の競争力に対する危機感が芽生えた。その端的に表現できるような未来へのダイナミズムを日本の産業は欠いている、ということだ。オープンイノベーションが大事だと主張し、産業革新機構を構想したのはその頃だ。当時抱いた問題意識は、残念ながら危機感とともに現実のものとなっていく。

２０１８年に東電から戻って、デジタル分野を担当した。その時に再び思った。その端的に表現できて日本に欠けていることがこの分野にある、と。専門用語が多く動きの目まぐるしい分野だが、それに惑わされず目を凝らせば本質がある。いま世界の先端に立つ企業家はその格物窮理の極意を身につけた人なのではないか、とも。そして自分なりにそれを摑みかけたような気がした。アーキテクチャという考え方やインディア・スタックに出会い、カガーマン氏と議論したのはこの頃だ。そして、本書のスタートラインに至る。つまり、いま何か決定的なことが起こりつつあること、そしてそれを見逃して目先の事象ばかりを追いかけていると、本当に決定的な危機に至る、ということだ。

それを、経営者をはじめ幅広い方々に伝えたいと思い、機会を得た。危機感を伝えるのは難しい。それは「今は全然ダメなんですよ」と言うのと同じだからだ。しかしありがたいことに、多くの方に耳を傾けていただいた。

むしろチャレンジはこちらだった。「話が難しく、抽象的でわからない」と言われたことだ。アーキテクチャということ自体が抽象的だし、サイバー空間は目に見えない。また、私のポイントの一つは抽象が大事だということなのに、それが苦手なのだと言われても。どうしたものか。

そこで思い出したのが、逆上がりと数Ⅲだった。苦手だと思っていることでも、そのコツを伝えるような感じにできないか、ということだ。図や喩え話を使って、抽象的なことを具体的にする、かたちのないものを目にみえるようにする、ということだ。そしてそのコツさえ修得すれば、日本に間違いなくある強み、素晴らしさを活かすことができるはずだ、ということも。

役人人生も終わりに差し掛かっていたので、若い後輩にこそそれを伝えたいと思い、彼らを実験台に色々と試した。本書は、その生煮えでわかりにくい話を聞かされた、若手の忍耐と彼らからのフィードバックの上に成り立っている。

本書は、当初冨山和彦さんとの共著として企画された。昨年35年間の役人生活を終えた私は、折角だから上記のような考えを広く伝えてみたい、と思った。多くのビジネス関係者に読まれるには、冨山さんの力を借りて、経営の視点を相当盛り込まない限り無理だとも思った。また、冨山さんの書いた『コーポレート・トランスフォメーション』にあった組織能力が大事なのだという点に共感し、その強化に役立つような書物にしたい、という思いもあった。快諾していただいた。

その後、退官して暇な私が好き勝手に書き進むうちに、冨山さんの配慮で、第二の人生のスタートなのだから私の主著で、ということになった。さらにありがたいことに、過分な解説まで書いていただいた。冨山さんとの出会いについては、その解説に書かれているので繰り返さない。ただ、冨山さんとの出会いをはじめ産業再生機構に関わったことは、その後の私の人生を確実に変えた。これまでのご厚誼を含めて、深く感謝を申し上げる次第である。

本書の執筆にあたっては、他にも多くの方にお世話になった。東京大学大学院の松尾豊教授、松尾研究室出身でＰＫＳＨＡの上野山勝也さんには、原稿を丹念に読んでいただき、人工知能、ソフトウェアの専門家として、貴重なアドバイスをいただいた。また私の原稿を少しでもわかりやすくする観点から、石坂弘紀さん、小林味愛さん、宮城杏奈さんには、表現について色々なアドバイスをいただいた。もちろんこれらを生かすことができたか否かは、私の負うべき責任である。

ダイセルの小河義美社長には、同社の取り組みを私なりの解釈で紹介することを快くご了承いただいた。アーキテクチャの世界について教えていただいたのは、慶應義塾大学大学院の白坂成功教授である。また、「具体と抽象の行き来」という視点は、ドリーム・アーツの山本孝昭さんと細谷功さんからヒントをいただいた。

最後になったが、文藝春秋の衣川理花さんとＩＧＰＩの英綾子さんに大変お世話になった。衣川さんの魔法のような杖に導かれて、短い期間でここまでたどり着いた。御礼を申し上げる。

本書のどこかが何かのヒントになり、ならばと挑戦する方が多く現れるように祈る。

西山圭太

２０２１年3月

参考文献

『コーポレート・トランスフォーメーション　日本の会社をつくり変える』（冨山和彦著　文藝春秋　２０２０年）

『アリババ　世界最強のスマートビジネス』（ミン・ゾン著　文藝春秋　２０１９年）

『両利きの経営　「二兎を追う」戦略が未来を切り拓く』（チャールズ・A・オライリー、マイケル・L・タッシュマン著　入山章栄監訳・解説　冨山和彦解説　渡部典子訳　東洋経済新報社　２０１９年）

『職場の労働組合と参加　労使関係の日米比較』（小池和男著　東洋経済新報社　１９７７年）

Walter Isaacson (2014) "the Innovators : how a group of hackers, geniuses, and geeks created the digital revolution" Simon & Schuster

Ferran Adrià, Juli Soler, Albert Adrià(2008) "A Day at elBulli : An insight into the ideas, methods and creativity of Ferran Adrià" Phaidon

Mark W. Maier, Eberhardt Rechtin (1997) "The Art of Systems Architecting" CRC Press

『相対化する知性　人工知能が世界の見方をどう変えるのか』（西山圭太・松尾豊・小林慶一郎著　日本評論社　２０２０年）

『文学論』（夏目漱石著　岩波文庫　２００７年）

『抽象の力　近代芸術の解析』（岡﨑乾二郎著　亜紀書房　２０１８年）

Reed Hastings, Erin Meyer (2020) "No Rules Rules : NETFLIX and the Culture of Reinvention" Penguin Press

Tony Saldanha (2019) "Why Digital Transformations Fail: the surprising disciplines of how to take off and stay ahead" Berrett-Koehler Publishers

『アフターデジタル2　UXと自由』（藤井保文著　日経BP　2020年）

Roy Thomas Fielding (2000) "Architectural Styles and the Design of Network-based Software Architectures" Ph.D Dissertation, University of California, Irvine

Derryl D'Silva, Zuzana Filkova, Frank Packer and Siddharth Tiwari (2019) "The design of digital financial infrastructure: lessons from India" BIS papers No.106

『〈現実〉とは何か　数学・哲学から始まる世界像の転換』（西郷甲矢人・田口茂著　筑摩書房　2019年）

解説　本書は、全てのビジネスパーソンへの応援的挑戦状

冨山和彦

DXよりもIXが問題だ！

あなたはDX（デジタル・トランスフォーメーション）の時代を生き残れるか？

一言で言えば、本書はあなたとあなたの会社にそのために必要な能力があるかどうか、最低限の知的戦闘能力があるか否かを問うている。もしそうでなければ本書を読むことで何としてもその力を身に付ける起点としてもらえないか、とも。

ポストコロナに向けて、確実に進行していること、それは企業業績をみれば明らかだ。多くの産業が甚大な打撃を受ける中で、従来から拡大を続け、市場支配力を高めてきたいわゆるプラットフォーマーに代表されるデジタル型、ネットワーク型、知識産業型の企業群は史上空前の好業績をあげ続けている。既に進行してきたデジタル化に伴う、産業スケール、社会スケールでの大きな変容、すなわちトランスフォーメーションがいよいよある

図表１　日米欧時価総額Top10（2019）の営業キャッシュフロー、投資キャッシュフロー＋研究開発費

◆高リスクの大規模イノベーション投資の持続力が問われる破壊的イノベーションの時代においては、本業の稼ぐ力が未来投資力、そしてSDGs・ESG投資力を規定する

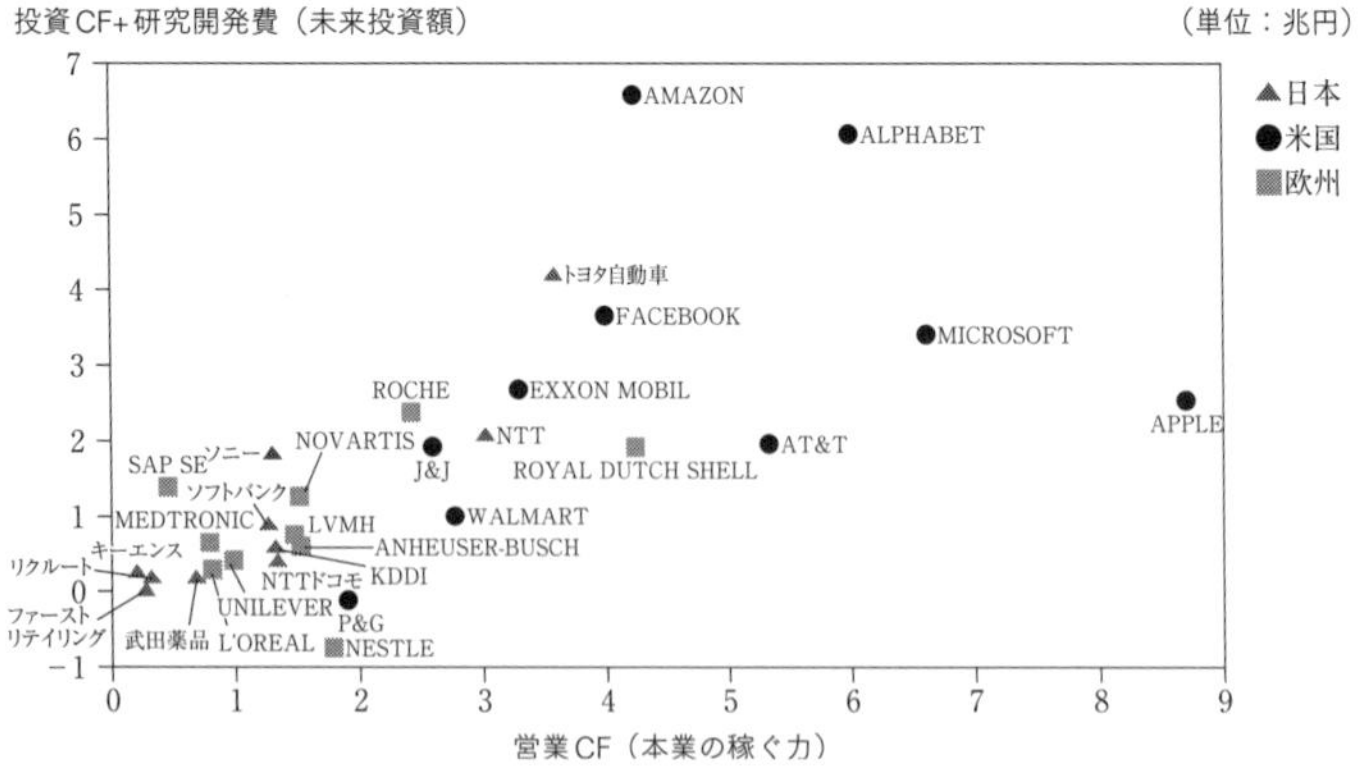

出典　Bloomberg

閾値を超えて、世の中を根本的な部分で変え始めたのである。

　図は、２０１９年の日米欧の時価総額トップテン企業の営業キャッシュフロー（本業の稼ぐ力）と未来投資額（投資キャッシュフローと研究開発費の合計値）の散布図【図表１】であるが、コロナ禍の前でさえ、ＧＡＦＡＭといわれるデジタルプラットフォーマーの稼ぐ力と未来投資額がいかに図抜けているか分かる。この差は、この瞬間も刻々と広がり続けているのだ。

　その一方で我が国においてＤＸという言葉の使われ方の軽さ、皮相《ひそう》さは、日を追うごとに顕著になっている。ハンコをなくすとか、ファックスをやめるとか、リモート会議をやるとか……DXで語られる話のほとんどは「デジタル技術を使って業務改善をやります」という、ちょっと前にIT化の脈絡で語られたことの言い換えに過ぎない。ちょっとましな話でもAIを使って新製品開発をするとか、データ利活用の新規事業探索をする程度。いわゆるコンサルティング稼業の連中もDXネタで飯を食うために、ある意味、簡単に手を付けられるDXという名のIT化推進プロジェクトを売り込みまくる。そのため世の中にはなんちゃってDXやDXごっこプロジェクトが跳梁跋扈《ちょうりょうばっこ》する。

SIS（戦略的情報システム）、マルチメディア、ERP、インターネット、ユビキタス、IT、AI／IoT／Big Data……日本の経済と企業が停滞に陥ったこの30年間、コンピュータとネットワークまわり、すなわちデジタル化領域で繰り返されてきた虚しいお祭り騒ぎが、再びお題を変えて起きそうな今日この頃である。

そして毎回「今回は違う」「抜本的な改革だ」「これは革命だ」と言いながら、変化の本質を理解できないまま、ブームが終わるころには新しく登場したデジタル型の破壊者たち、あるいは破壊的イノベーションの果実を取り入れることに成功した欧米のライバルに引き離されてきたのが日本企業の大宗《たいそう》の姿である。

他方、後ろから来た新興国は、グローバル化の波に乗って日本が得意としたアナログモデルの大量生産大量販売型工業化モデルを猛烈なスピードで追い上げてくる。中にはアリババやテンセントのようにそれを飛び越えて一気にデジタル型破壊者になる企業まで現れ

図表2　日本型経営は長期成長志向ではなかったのか？

◆グローバル競争の中で日本経済・企業の地位が低下
――日本型競争モデル(キャッチアップ型×連続的改善・改良力)――本足打法の耐用期限切れ

フォーチュン・グローバル500社の国別構成

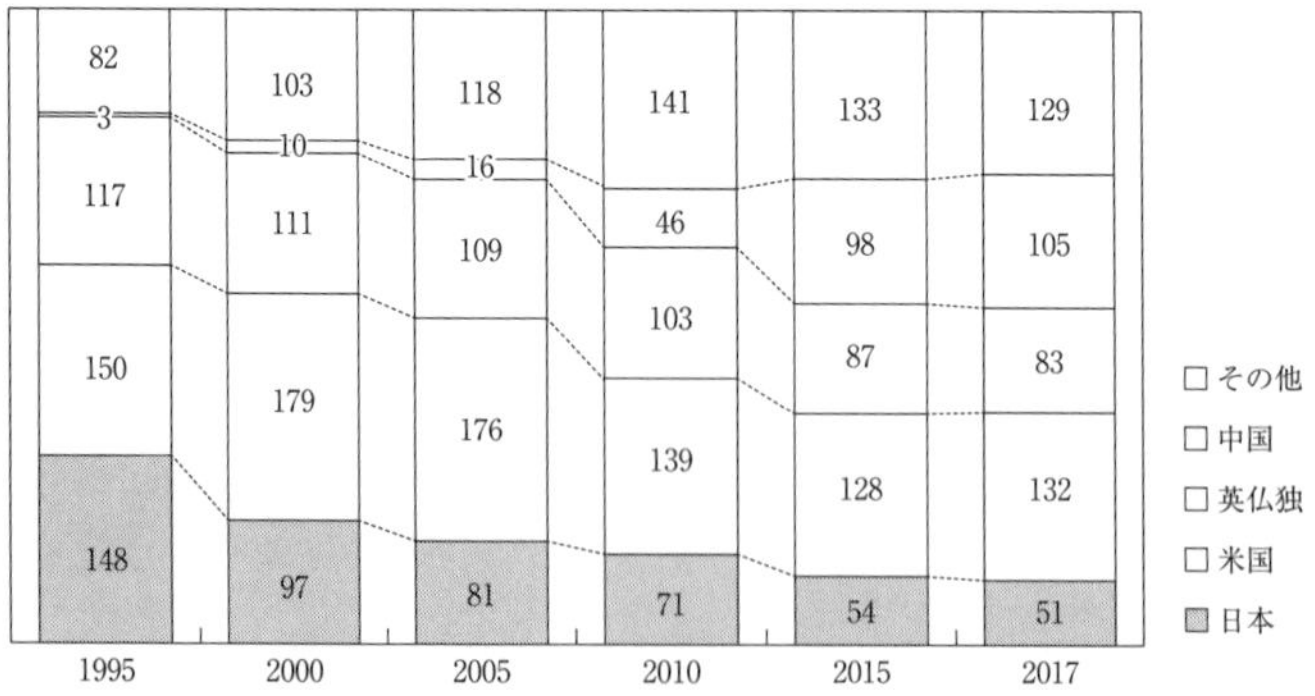

出典　Fortune

てくる。

　こうしてデジタル化という前門《ぜんもん》の虎、グローバル化という後門《こうもん》の狼に挟まれた結果が、【図表2】のフォーチュン・グローバル500における日本企業のプレゼンスの著しい低下である。

　今回も再び同じようなDX茶番？喜劇？が繰り返されるとすると、この国の経済と産業の未来にとって、いよいよ取り返しのつかない大悲劇になりうる。

　本書はデジタル化というものの本質を、ビジネス的な実例、テクノロジーの歴史、知的な巨人たちの業績、巧みなメタファーをふんだんに使いながら、思い切り掘り下げかつ分かりやすく説明している。そこに筆者である西山圭太氏自身の政策立案・遂行者としての経験、さらには不良債権処理、産業革新機構での事業再編や東京電力の再建の実務に関わったビジネス現場の経験を重ね合わせることで、リアリティのある洞察が展開されている。

生半可でない知識量と高度な解析力によって、強烈な迫力で展開されている本書のメインメッセージの一つは、デジタル化が今日の人類社会に対して持っている最も重要なインパクトは、それが産業構造全体を大きく変容させる力を持っていること、すなわちインダストリアル・トランスフォーメーション（Industrial Transformation＝ＩＸ）にこそあるということだ。実存としての個人、企業にとってＤＸ自体は大した問題ではない。ＩＸこそが問題なのである。

実際、ソニーのウォークマンの牙城がｉＰｏｄ＆ｉＴｕｎｅｓという新しいアーキテクチャのビジネスモデルに崩され、インターネット接続で一時世界のトップを走った我が国のガラケーがやはり新たなビジネスアーキテクチャで登場したｉＰｈｏｎｅとそれに続いたアンドロイド端末によって事実上、瞬殺された。これはデジタル化でビジネスモデルが次々と大変容し、テレビを含むクロモノ家電領域全体にＩＸがドミノ倒し的に起きた歴史の一部である。この破壊的ＩＸは、コロナ禍において、加速拡張しながら世界のどこかで、既存産業のどこかで起き続けており、その衝撃はビジネスの範囲を超えて、政治、社会、個人のあらゆるレベルへと広がりつつある。

昨今の流行言葉である「第４次産業革命」の革命性は、社会構造、ひいては人々の生き方や価値観にも変容をもたらすような衝撃度があるということなのだ。今までのありようと、これからのありようの間に、いかなる違いがあるのか、その違いはどんな理由とメカニズムで生じるのか、さらにはそのギャップを埋めて新しい時代を生き残り、できれば愉快に過ごすには、私たちは、私たちの会社やビジネスはどのように変容しなくてはならないか。要はIXのメカニズム、ロジック、実相はいかなるものなのか、本書のメインテーマはまさにそれを明らかにするところにある。

青木昌彦、ジョン・テイラー、ノーベル賞アカロフ、イエレン財務長官……知の巨人と交流

本書の著者である西山圭太氏は、20年来の私の知的双発のパートナーであり、ビジネスにおいても修羅場を共闘してきた戦友である。

始まりは我が国の金融危機と不良債権処理の最終局面だった2003年、まさに胸突き八丁における産業再生機構の設立当時。あの問題を経済システム、金融システム、産業システムの根幹に関わる構造問題として捉えている人は必ずしも多くなかった。どうしても旧大蔵省、日銀、銀行などの人的要因で説明しようとする傾向が、マスコミはもちろん評論家や学者の間にも少なくなかった。私自身は民間の立場で企業再生の仕事の最前線にいたのだが、案件を積み重ねるほど、共通の原因因子には個々の関係者の有能無能を超えた、根深い普遍的な構造的病理があると感じていた。我が国のある意味、戦後復興と高度成長を支えたモデル、もっと遡ると明治以降のキャッチアップ型の経済社会モデルの耐用期限切れが、バブルの膨張と崩壊、その後の金融危機と不良債権処理の長期化の根っこにあるのではないかと。

そんな思いの中で、産業再生機構の準備室にいた西山氏と出会い、まさにその問題意識をぶつけ合い刺激し合った。産業再生機構ＣＯＯに就任した私に彼は世界の超一流の頭脳を次々と引き合わせた。スタンフォード大学の青木昌彦教授、ジョン・テイラー教授（当時はブッシュ政権の財務次官）、ノーベル経済学賞受賞者であるＵＣバークレーのジョージ・アカロフ教授と夫人のジャネット・イエレン博士（当時はサンフランシスコ連銀総裁）……。比較制度論、マクロ経済学、労働経済学、ゲーム理論や情報の経済学など先端を走る知の巨人たちから、私は自らの問題意識と解決仮説について知の千本ノックを受けることとなった。言うまでもなく、そこで交わされた議論は、新自由主義かケインズ主義かみたいな大雑把で乱暴な議論ではなく、実務のディテールにも突っ込んだ、まさに理論と実践を超高速で往復するエキサイティングな議論だった。

西山氏の意図としては、新しい政策を担当する実務責任者が世界の知の巨人たちの評価に耐えるかどうか、というテストと、うまく行けば政策が国際的な信認を勝ち取るための有効なマーケティングになるという狙いもあったのだろう。知の巨人たちは概《おおむ》ね産業再生機構のサポーターになってくれたようなので、私は辛うじてこの口頭試問に合格出来たのかもしれないが、この時ばかりはスタンフォード大大学院で経済学とファイナンスをかなり真面目に勉強しておいて良かったと思った。

また当時、金融担当大臣だった竹中平蔵氏と、おそらくは竹中さんから見て産業再生機構が敵か味方かまだ判然としない時期に、引き合わせてくれ、小泉政権の中心にいた不良債権処理の責任者とのパイプを作ってくれたのも西山氏である。これは明確に政策の成功確率を上げるための政策実務家的な発想からだろう。

産業再生機構、東電再建と電力システム改革、地方創生、AIで共闘

西山氏との邂逅《かいこう》は、その後も2008年には産業構造審議会において、本書でも展開されている産業アーキテクチャの転換に関わる議論をオープンイノベーションとソリューションモデルという形で提唱し、その実践、特に新たな産業アーキテクチャを創造しうるメガベンチャーの創出を本来は企図していた産業革新機構の創設へとつながっていく。2011年には東電の再建と電力システム改革。後の地方創生の議論につながるグローバル経済圏とローカル経済圏というアーキテクチャで経済社会を捉える視点の提唱を構想したのが2013年。そして2014年にはAI（人工知能）とデータ時代の到来を見越して東大の松尾豊氏（当時はまだ特任准教授）を中心に据えたグローバル消費インテリジェンス寄附講座の創設など、いわば経済社会、産業社会におけるイノベーションビジョンを政策レベル、経営レベルで世に問う仕事を共にしてきた。そしていずれの局面でも、西山圭太は世の中の数歩先を行く天才であり、その意図するところは私自身も、彼がそれを言い出してから数年のギャップを経て腹落ちすることが少なくなかった。

彼の本籍は役人で、私の本籍は民間の経済人なので、今どきこんな関わりを継続的に持った組み合わせは珍しいかもしれない。しかし、バックグラウンドにおいて逆のところからお互いに相手の領域に歩いていくことで、私たちはとてもエキサイティングで時代を先取りする問題提起を続けることができたように思う。本書の中でも「デジタル化から経営へ、経営からデジタル化へ」「具体から抽象へ、抽象から具体へ」と往復を繰り返すことが、ＩＸ時代に求められる思考態度であり、行動様式であると強調されているが、私たちはまさにその往復運動をこの20年間繰り返してきたことになる。

そして今、西山氏が経産省の役人を退官し、いよいよ自由の身（!?）になるにあたり、過去数十年間、大きな社会的パラダイム転換期において彼が積み上げてきた実践的思索をまとまった書き物として世に問うのが本書である。もちろん友人として私はそれを大いにけしかけた。７年前に私が『なぜローカルから日本経済は甦るのか』（ＰＨＰ新書）を出した時には逆の立場だったが、今回は西山氏が持っている知の財産を世のため人のために公開する介添え役となる番となった。

西山圭太なる天才が著したＤＸ辞典、ＩＸ辞典そして大河ドラマ

本書で西山氏が展開している議論も本質たる現実であり、具体性をもった普遍論である。えてして抽象化、普遍化の論はリアリティや具体性を失いがちだ。特に学者はそこに難解

化という副産物まで付け加える傾向があり、世の中一般への影響力を失う。多くの哲学書や思想書が、題名は有名だが実際に読破しかつ理解している人が滅多にいないのはこのパターンである。逆に経営者が語る経済論、社会論の多くは、個別論を一気に普遍化するために通有性、一般性を失いがち。部外者からみると「それはあんたとこの会社の話やろ」となり、外国人からは「日本ってのは変わった国ですな」となり、これまた幅広い影響力を持たない。１９８０年代、絶頂期の日本の経済システムについて、それを日本古来の文化だの日本人の優秀性だのを原因因子に求める議論が世界ではまったく通用せず、かえってジャパンバッシング、さらにはジャパンパッシングを招いたのはその実例である。それを克服するために青木昌彦教授が腐心されたことは本書にも出てくる。

いずれにせよ人に本質的な何かを伝える時、抽象性・普遍性と具体性・リアリティを両立させることは容易ではない。すぐれた社会革命家の論や革命的な変化のきっかけになる書物が比喩文学的に優れているものが多いのはこの辺りに起因するのではないのかなと思う。聖書などは史上最高の比喩文学の一つだし、仏話にも比喩的な物語が多い。本書もその意味で、非常に優れた書き物になっている。ある意味、デジタル化の歴史、事例、基礎知識に関わる辞典的な性格、ＤＸ辞典、ＩＸ辞典にもなるほど網羅的かつ体系的に具体的な話や巧みなメタファーが紹介されている。そして個々の話がデジタル化、ＩＸ時代の到来という大きな歴史的スケールでのパラダイムシフトの物語、大河ドラマの中に位置づけられているので、その意味付け、脈絡、コンテクストが分かるように工夫されている。

正直、これで腹落ちしなかったら、本気で危機感（あるいはわくわく感）を持たなかったら、あなたヤバいでしょ、とさえ思う。天才西山圭太が、彼の数歩後からついてくる私たちにも分かるよう親切に、しかも議論の質を落とさずに仕上げてくれたことに敬意を表するとともに、著述家として彼の新たな才能をみたように思う。

経営書としてＤＸ論とＣＸ論の間にくるもの、それは本書のＩＸ論

２０１７年に私はデジタル革命の一つの到達点としてＡＩ（及びＩｏＴ／ビッグデータ）時代の到来を捉え、フェーズシフトのタイミングが我が国のデジタル敗戦モードからの巻き返しのチャンスと考えて『ＡＩ経営で会社は甦る』（文藝春秋）という本を書いた。これは今風に言えばＡＩを軸にしたＤＸ経営の本である。しかし、その後も残念ながらデジタル敗戦モードに大きな転換の兆しは起きず、私はその原因として、より深いレベル、日本企業の会社と経営のかたち、さらには経営やガバナンスを含めた組織構造、組織能力に根本的な問題があるのではないかと考え始めた。

そこに米国の長年の友人、スタンフォード大学ビジネススクールのチャールズ・オライリー教授から、彼がハーバード大学のタッシュマン教授と共著で世に出したベストセラー“Lead And Disrupt”（原著は２０１６年出版）の日本版出版の相談を受けた。この本の制作過程には私も取材対象として関わっていたのだが、そこで改めて読んでみると私の問題意識と大きく重なる議論、デジタル化時代の破壊的イノベーションの波に既存企業がいか

に生き残るか、いかにそれを自らの成長のエネルギーに転換するかに関する「イノベーション経営論」が展開されていた。

若干の紆余曲折はあったが、おかげさまで日本版は2019年に『両利きの経営』（東洋経済新報社刊）として出版され、ビジネス書大賞の特別賞を受賞するほどのロングセラーとなっている。私はこの本を日本人の読者にも分かりやすく読んでもらうための解説を早稲田大学ビジネススクールの入山章栄教授と書いたのだが、そこで考察した経営論、会社論をさらに発展させ、日本企業の現実的な運動論につながる本を昨年『コロナショック・サバイバル』『コーポレート・トランスフォーメーション』（いずれも文藝春秋刊）として続けて上梓した。

新型コロナウイルスのパンデミックにより世界的スケールでDXは加速拡張する。私は、日本企業がいよいよ会社のカタチ、経営のカタチを根っこから大改造し、「両利きの経営」が可能な組織能力を身に付けなければこの時代を生き残れなくなるという強い危機感を持った。そこで1冊目の『コロナショック・サバイバル』では「この経済危機を乗り越えるために聖域なき改革を断行し、そのままDX改革で競争力を高めよ！」、2冊目の『コーポレート・トランスフォーメーション』では「DXの波に破壊されない、さらにはその波に乗るための新たな会社のカタチ、経営のカタチへと大改造を進めよ！」をメインメッセージとした。

鋭い読者はお気付きだろうが、実はＡＩ化、ＤＸが加速するからそれを契機に変革を進めて競争力を取り戻そうという議論と、会社そのものを大改造して破壊的イノベーションの時代を勝ち抜く組織能力、経営能力を身に付けようというＣＸ（コーポレート・トランスフォーメーション）や「両利きの経営」の議論との間には若干の思考的スキップがある。デジタル化・ＡＩ化・ＤＸがどのようなメカニズムを通じてＣＸに取り組まなければならないような大事《おおごと》になってしまうのか……その中身はややブラックボックスになっているのだ。それぞれの企業、それぞれの人間が、それぞれの立場で具体的に自らのトランスフォーメーションのゴールを設定し、そこに至る道筋を実探索するためには、その間に来るもの、まさにＩＸの実相をより深く、より具体的に理解する必要がある。

このＩＸの実相論こそが、ここ数年の西山氏と私の知的双発の共通テーマであり、本書はＤＸ論とＣＸ論の間をつなぐ「知の架け橋」という位置づけになる。私の最近の著作で言えば、『コロナショック・サバイバル』と『コーポレート・トランスフォーメーション』の間くらいに来て、同時に両方の議論の背景を深く理解する上で最高の副読本ともなっている。

筆者は第１章で序章的にこの関係性を含めて本書の位置づけをより詳しく説明してくれている。読者の皆さんにとって過去、現在、未来にわたるデジタル化を巡る知的な旅に出るための道案内になるはずだ。

コンピュータの登場から始まる大歴史スペクタクル

第2章からいよいよ本書の大河ドラマ、知的ジャーニーの本編が始まるのだが、まずはコンピュータの登場が持つ本質的な意味、とりわけ現在ノイマン型と言われるハードウェアとソフトウェアの二元構造を持つコンピュータの登場と普及そして高機能化が人間社会、ビジネス社会にどんな影響をもたらしてきたか、というデジタル化産業革命縁起である。

コンピュータ産業の登場に関する著者の洞察力の焦眉は、ハードウェア側では0と1のon／offスイッチ信号によって計算、記憶するだけの機械が、ソフトウェアによって人間の色々な欲求、要望に向かって合目的的に機能すること、しかもプログラム言語で書かれた質量を持たないソフトを書き換えることでその機能を変更、拡張できることに道具としての大きな飛躍があったと指摘するところだ。01計算マシーンの向こう側には、それで制御される電気製品や機械といったハードもぶら下がるわけだから、世の中にあるハードは、結局、ソフト（及びソフト・アルゴリズムを焼き付けた半導体）の下で動く仕組みになっていく。ソフトこそが人間の欲求、要望、課題すなわち対価を払おうとする付加価値と直結しているレイヤーであり、その直結性はデジタル化に伴って産業の中心、付加価値生産の中心がソフト化、情報化していくメカニズムの根源を解き明かしている。

時は下り、OS（オペレーティングシステム）とアプリ（アプリケーションソフトウェア）のようにソフトウェアが階層構造を持つことで、ハードウェアが色々な動作を並列的に行えるようになる。階層構造化はOSのような汎用レイヤーの標準化を促し、コンピューター産業の水平分業化、オープンアーキテクチャ化が進む。これは新たなプレーヤーの参入障壁を下げ、産業全体の多様化、広範化をもたらす。

そこにインターネットの登場でコンピュータのネットワーク性が一気に拡張すると、その付加価値空間はネットワーク×ソフト階層という大きな広がりと深さをもつようになる。いわゆるサイバー空間が産業的、商業的に生まれてくるのだ。同時にモバイルコミュニケーションの発達でネットワークのノード（分岐点）の数は一気に世界の人口レベル、すなわち数十億に広がる。そして階層構造の最上位レイヤーにおけるクラウドコンピューティングの発達で、一人一人の利用者がサイバー空間上の大きな計算能力と記憶能力を使って色々なサービスを受けられる。ここまで来るとサイバー空間は無限に巨大と言うしかなく、産業や社会に革命的な変化をもたらすのは必至である。

西山氏が描き出すこのプロセスは大歴史スペクタクルと言うにふさわしい。このスペクタクルの過程で数々の天才や伝説的な企業が栄枯盛衰の物語を展開する。ビジネスの世界で興味深いのは必ずしも正しく先を読んでいた企業が勝者になるとは限らず、学者についても生前はその洞察の正しさが世の中に認知されないままこの世を去る人も出てくる。ただ、デジタル空間のソフト化、階層化、ネットワーク化の流れについていけなかった産業や企業が淘汰されて行ったことは間違いない。

1980年代に狭義のコンピュータ産業のなかで起きたダウンサイジングと水平分業化の流れで窮地に立たされたかつての巨人IBMもそうであったし、我が国の半導体産業がロジックICの領域でどうしても個別企業ニーズ向けの組み込みソフト的な製品領域から脱却できず、より上位の汎用レイヤーを構成する標準モジュール的、標準CPU的半導体ドメインの競争ではPC（勝者はインテル）、携帯（勝者はクアルコム、アーム）、AI（勝者はエヌビディア）と、いずれもビッグビジネスの勝ち組になれずにいるのも同様である。

デジタル革命のさらに近現代史において衝撃的なのは、AIの急発達で、01のデジタルな計算マシーンの機能とアナログな人間との最後の接点であるユーザーインターフェースにおいて、人から機械への置き換えがさらに加速するくだりだ。すなわち私たちとデジタル型サービスの接点において、それなりの専門性を持った人間が介在しなくてはできなかったことが、どんどん無人で可能になっているということだ。換言すればコンピュータ素人の私たちが誰かに介在してもらわなくてもいい、さらには人間が介在しない方がいいと経験的に考えるようになっていることである。

実際、ネット広告、ネットバンキングやeコマースのような分かりやすい領域だけでなく、物流や製造現場などで、従来はロボットの利用や自動化ライン構築に現場経験豊富な熟練の生産技術者、システムエンジニアが必要だったのが、ものすごい勢いで名人芸のデータ化、標準化、再現化が可能となり、そこから生まれた標準ソフトの下に標準的な生産設備を並べることでかなりのことがすぐに出来るようになっている。しかもそのソフトの能力はネットワーク上で指数関数的に累積するデータの分析によって向上し、それがさらなる利用を生んでデータ蓄積が加速するという自己増殖サイクルを生む。これは私自身が最近、多くの製造業の経営改革の現場で目撃している事実と符合する。その先には周辺の事業モデルの変容、さらには製造業全般に関わる産業構造の変容、IXが起きる予感を誰でも持つはずだ。ここにこそ生身の人間に代わってAIが介在するユーザーエクスペリエンス（UX）の重要性があると西山氏は強調する。UXを単にネットビジネスのマーケティング用語程度に考えていると、UXこそがIXのトリガーとなって行く流れを見逃すことになる。

目の前にあるこうした新しい現実は、すべての読者にとって大きな意味を持つはずだ。新しい現実の中身、現在進行中の色々な事象とそのメカニズムを絶対に読み逃してはならない。それは他人事ではなく、明日、あなたが直面する大問題なのだから。

アーキテクチャ思考の模索、Society5.0が真に問うもの

大河ドラマの後半においては、筆者は未来に向けてデジタル化のもたらす新しい世界を展望していく。

そこで重要になってくるのが「アーキテクチャ」という概念である。この言葉はやや抽

象的で難しい概念だが、噛み砕いて言えば、ある目的を達成するために諸々の要素を構造的に組み合わせてシステムとして機能させる全体像のことである。ある意味、「生態系」に近い概念と言えるかもしれない。

元々「アーキテクチャ」は建築物という意味だが、建築物はまさに人が住まう、あるいは仕事をする、さらには砦であれば戦争をするという目的のためにその場の地形、気候といった環境要因、建築材料や構造のようなハード的な要素、生活様式や仕事内容、戦闘手段などのソフト的な要素を構造的、階層的に組み合わせて作られ、かつ運用される。

これはコンピュータにおける大規模なシステム開発の思考法に馴染むので、コンピュータ用語として幅広く使われるようになっていく。そしてデジタル革命の進行によって、より幅広い経済活動、産業活動がコンピュータネットワークのなかで動くようになると、経済社会活動全般に関わる課題解決において、決定的に重要な思考枠組みとなりつつある。さらにはビジネスモデルのデザイン、競争上の障壁構築も、アーキテクチャ思考なしには難しい状況になっている。サイバー空間の量的質的な拡大、それも階層化、モジュール化、筆者の言う「ミルフィーユ化」を進めながらの拡大は、ビジネスアーキテクチャデザインの自由度を増し、構成要素となる技術やツールはどんどん進化するので、視座を常にアーキテクチャ全体の次元においていないと、古いアーキテクチャに依存したビジネスはある時、一瞬にして消えてしまうからだ。

前述の古い携帯電話端末ビジネスが瞬殺された話もアーキテクチャ転換の典型例である。

それまで個々の通信事業者の規格に合わせて製品を作りこむ、いわばすり合わせ型のBtoBビジネスモデルで繁栄を謳歌していた日本の携帯端末メーカー群だったが、個々の通信事業者規格に拘束されない上位階層に位置するOSであるiOSで動くiPhoneの登場、さらにはグーグルがそれを追いかけてアンドロイドOSを提示したところでアーキテクチャ転換が起きる。携帯端末事業は、キャリアフリーで直接エンドユーザーにグローバルスケールで売り込んでいくビジネスへと変貌した。そして日本勢の多くはゲームのルールが根本的に変わったところであっという間に競争から振り落とされてしまったのである。

今や社会課題はそれ自体が複合化、曖昧化しやすい。また個人の欲求も官能的なものになるほどあらかじめ明確に定義できない。そうなると付加価値創造に向けて目的因子自体が曖昧なところから思考を開始しなくてはならず、そこに出てきたのがいわゆるデザイン思考である。ただ、デザイン思考においても思考のゴールにおいて、アーキテクチャを意識しないで生み出したアウトプットは、一つの構成要素としてイノベーションの大事な役割を果たしているのにもかかわらず、ビジネスとしてはまったく報われない、事業としては持続性を持たないものになるリスクがある。

昨今話題のゼロエミッション、グリーンイノベーションなどもおそらくはその典型である。例えば自動車の電動化について、「それを実現する物質的なキーエレメントは車載電池だ」となる。そこで「電池開発に多額の投資をしよう、そして世界に先駆けて新しい電池セルを大量生産し、その最新電池を搭載した自動車を世界で売りまくって、フルＥＶ世代の電池産業と自動車産業で世界の覇者になろう」というシナリオ展開、いかにも20世紀の工業化社会のアーキテクチャを前提にしたシナリオ展開になりがちだ。

しかし、である。似たようなシナリオは、液晶ディスプレイでもあったし、太陽電池セルでもあったし、液体リチウムイオン電池でもあった。しかし、いずれの場合もデジタル化で産業システム全体のアーキテクチャが変容する中で、これらの発明、インベンションが生み出したイノベーションの果実を圧倒的に手にしたのは、発明物たるエレメント部材の大量生産メーカーでなければ、伝統的なテレビメーカーでもない。例えば液晶ディスプレイの発達とリチウムイオン電池の発明を梃子《てこ》に破壊的イノベーションをけん引し、桁外れに大きな成長と収益に結実させた企業は、まぎれもなくアップル社である。新たなアーキテクチャを創造しその覇者となったプレーヤーが美味しいところをほとんど持って行ってしまったのだ。

仮に日本企業が画期的な車載電池の開発と量産化に成功しても、それが電池メーカーに大きな報酬をもたらすか、その電池を搭載した自動車メーカーの持続的成長に貢献するか。それはその時点における自動車産業もといモビリティービジネスまわりの産業アーキテクチャ次第なのである。ひょっとしたらそこにまたアップル社が君臨している可能性がある。彼らはアーキテクチャ転換ゲームの達人であるとともに、年間４兆円を超える潤沢なフリーキャッシュフロー（自由に使える余剰資金）を事業収益から毎年叩き出す力を持っているのだから。

現在の我が国の製造業は圧倒的に自動車産業のバリューチェーンが中核となっている。自動車及びその関連産業は、今でも国内で相対的に良質な中間層雇用を大量に生み出している極めて重要な産業群なのだ。そこにはトヨタ、ホンダに加え、サプライヤーサイドではデンソー、パナソニック、日立、ソニー、日本電産など、各分野で世界チャンピオン級の有力日本企業が存在する。この産業領域には私自身も当事者として関わっているが、我が国の有力企業あるいはベンチャー企業が、新たなアーキテクチャへの転換が起きても、引き続き覇者になってくれることを切に期待している。

本書の中にも出てくるが、西山氏と私はここ数年、このアーキテクチャの問題、取り分け日本の産業社会全体が、アーキテクチャ思考力、アーキテクチャ構築力を抜本的に強化しない限り、デジタル敗戦を今後も繰り返す、それも今後はより広範な産業領域で、という危機感を持ってきた。

どうも私たち現代日本人の多くは、目に見える形を持ったモノから発想することは得意だし、それを緻密に詳細に洗練し作りこむのは上手だが、システムや制度といった無形のものを論理的に認識し発想することは苦手なようである。特に部分よりも全体を、しかもサイバー空間のような3次元構造を鳥瞰的に認識し、そこで既存の前提をすべて取り去った「神の視点」で大それたそもそも論を構想するのはますます不得意に思える。

実はＳｏｃｉｅｔｙ5.0が真に問うものは、まさにデジタル時代における社会全体のアーキテクチャのゼロベースの創造と転換である。モノ中心の言わば有形物中心の社会から、コト中心、データや知識やサービスといった無形の付加価値中心の社会へ。地表のせいぜい山谷の起伏や海くらいの目視的リアルの世界から、そこにサイバー空間という多層的でネットワーク的な質量のない観念空間における空中戦が被《かぶ》さってくる3次元的な世界へ。そこで産業と社会の大変容した姿こそがＳｏｃｉｅｔｙ5.0であり、これは非常に大それた根こそぎ変革を提唱しているのだ。だから、それを実現するためにはアーキテクチャに関わる組織能力を日本企業、いや日本社会全体が異次元に高める必要がある。

その問題提起のために西山氏は役人時代に経団連会長の中西宏明さんも巻き込んで運動論を開始している。もちろん私もそれを応援しているが、昨今のゼロエミッション政策に関わる風潮をみるにつけ、この危機感は増すばかりである。本書によってアーキテクチャ論の本質とその重要性を一人でも多くの読者に共有してもらいたい。

ＤＸ→ＩＸ→ＣＸ→ＳＸ、ＬＸ……さてあなた自身はどう変容するのか

『両利きの経営』の読者から「新事業の探索が難しい」という声を聞く。新事業探索イコール新事業発明であり、無から有を発明するようなインスピレーションなんてそうそう湧いてこない、それも相応のスケールのビジネスにつながるような新事業なんてそうそう発

明発見できないという話だ。

結論から言うと、その通り、画期的な新事業の創造が難しいのは当然だ。世界には約80億人の人間がいる。会社数だって数千万（日本だけで400万社と言われている）、いや億の単位であるのではないか。破壊的イノベーションをもたらすような画期的な事業創造に自分たちが成功する確率よりも、誰か別の人物や会社にやられてしまう確率が桁違いに高いのは当たり前だ。

しかしそれで落胆する必要はまったくない。調べてみたらいい、GAFAやマイクロソフトが真に自らのオリジナルで発明発見したサービスや製品がどれだけあるか。成功して残っているものの多くは既存の要素、あるものは以前からあるもの、あるものは少し先に誰かが思いついたものをうまく取り入れ、手持ちのネタやビジネスと組み合わせて持続的に付加価値を生むものに仕立て上げた結合物である。べたな言い方をすれば「パクリの名人」である。

インターネットを本格的に商用化する起源であるブラウザーを世に初めて出したのはネットスケープ社だ。GAFAでもマイクロソフトでもない。検索エンジンによってポータルサイトというビジネスモデルを発明したのは米国のYahoo!であり、グーグルではない。今でいうプラットフォーマー、かつてはバリューアグリゲーターという呼ばれ方をしていたビジネスモデル第一号はAOLである。時代を遡ればアイコンとマウスによって直感的にOSをコントロールする発明はゼロックス社によるものだったが、言わばこれをパクったのがアップルのスティーブ・ジョブズであり、それをさらにパクったのがマイクロソフトのウィンドウズである。

アマゾンは本のEコマースから始まって次から次へと破壊的イノベーション領域を広げているが、その過程で物流網の整備を重視したり、装置型産業であるクラウドサービスの拡大に注力したり、ネットフリックスやiMusicを追いかけて動画コンテンツや音楽配信を展開したり。オリジナルな画期的な思いつきよりも、サイバー空間の拡大という全体アーキテクチャのなかで既にあるものを理詰めで取り込み、組み換えて次々と事業領域を拡大している。

イノベーションという言葉を広めたのは経済学者シュンペーターであるが、彼はこの言葉を「新結合」によって社会的に大きな変革をもたらすという意味で使っている。新結合、すなわち既に存在するAと存在するBを結合して社会的に新しい価値を創り出すということだ。言い換えれば「パクリの掛け算」である。だからこそ、新事業の「開発」や新製品の「発明」というよりもオライリー教授たちが選んだ「探索」という言葉がぴったりくる。そして、DXによるレイヤー化、3次元化によりパクリの自由度が増す中でこの新結合力、あるいは「パクリの掛け算力」が高いから、彼らはプラットフォーマーになったのである。

裏返して言うと、組織能力的にトップから現場までその力が高い人材によって構成されているということ、すなわちアーキテクチャ認識力、思考力を持つ人材に恵まれているこ とがIX時代において決定的な重要性を持っているということだ。これは企業だけでなく、社会、国家、学校などあらゆる社会単位で同様である。DX→IX→CXの連鎖の先には社会の変容（Social Transformation＝SX）、個人の生き方変容（Life Transformation＝LX）が不可避的に起きていくのだ。著者は8章、9章でIXが政府、さらには個人に及ぼす影響について考察している。そして最後に私たちがリーダーとしてIX時代を勝ち抜くための能力要件チェックテストまで用意してくれている。是非とも最後の最後まで楽しんでもらいたい。

もし、本書を読んでデジタル化の本質的な意味合い、そしてIXの衝撃の実相を理解できない、実感できない、さらには（危機感であれ、わくわく感であれ）マインドリセットをできないとすれば、今後、ビジネスの最前線で闘い続けるのは難しいかもしれない。

この本に書いていることが響くか⁉　そして心は奮い立ったか⁉　本書は著者と私からすべてのビジネスパーソンへ、IX時代の生き残りと飛躍的成長をかけた応援的挑戦状なのだ。

著者

西山圭太　Keita Nishiyama

経営共創基盤（IGPI）シニア・エグゼクティブ・フェロー。東京大学未来ビジョン研究センター客員教授。東京大学総長室アドバイザー。1963年、東京都生まれ。1985年、東京大学法学部卒業後、通商産業省入省。1992年、オックスフォード大学哲学・政治学・経済学コース修了。株式会社産業革新機構執行役員、東京電力ホールディングス株式会社取締役、経済産業省商務情報政策局長などを歴任。2020年夏に退官。在任中は、故・青木昌彦教授や各国首脳のブレーンと知的交流を結び、今日のRCEPにつながる東アジア包括的経済連携協定構想の立ち上げなどに関わる。また、冨山和彦氏と共に産業再生機構、東電再建と電力システム改革にて、増田寛也氏と共に地方創生にて、松尾豊氏と共にAIにて協業。時代の数歩先を行くビジョナリーとして、日本の経済・産業システムの第一線で活躍してきた。

解説

冨山和彦　Kazuhiko Toyama

経営共創基盤（IGPI）グループ会長。日本共創プラットフォーム（JPiX）代表取締役社長。1960年生まれ。東京大学法学部卒。在学中に司法試験合格。スタンフォード大学経営学修士（MBA）。ボストンコンサルティンググループ、コーポレイトディレクション代表取締役を経て、産業再生機構COOに就任。カネボウなどを再建。解散後の2007年、IGPIを設立。JALはじめ数多くの企業の経営改革や成長支援に携わる。パナソニック社外取締役。『AI経営で会社は甦る』『コロナショック・サバイバル　日本経済復興計画』『コーポレート・トランスフォーメーション　日本の会社をつくり変える』など著書多数。

Ｄ　Ｘ《ディーエツクス》の思考法《しこうほう》
日本《にほん》経済《けいざい》復活《ふつかつ》への最強《さいきよう》戦略《せんりやく》

2021年 4 月15日　第1刷発行
2024年 7 月25日　第10刷発行

著　者　西山圭太《にしやまけいた》
解説者　冨山和彦《とやまかずひこ》
発行者　花田朋子
発行所　株式会社文藝春秋
〒102-8008 東京都千代田区紀尾井町3-23
電話　03(3265)1211

印刷所　TOPPANクロレ
製本所　加藤製本

・定価はカバーに表示してあります。
・万一、落丁、乱丁の場合は、送料当方負担でお取替えいたします。
小社製作部宛にお送りください。

ISBN978-4-16-391359-9　Printed in Japan